Elfriede Brüning beginnt ihr Buch mit den Sätzen: »Heute habe ich beschlossen, mich wieder an die Maschine zu setzen. Seit über einem Jahr habe ich nichts aufgeschrieben. Wenn mich Zuhörer meiner Lesungen fragten, was sie demnächst aus meiner Feder zu erwarten hätten, habe ich leicht verlegen geantwortet, mir falle nichts mehr ein. Sie versuchten mich zu trösten, das käme wieder, sicher brauche ich nur eine Atempause, eine Zeit der Besinnung. Ich weiß es besser. Ich lebe nicht wirklich in dieser Zeit. Mir ist, als bewege ich mich in einem luftleeren Raum, bin im Schwebezustand, atme wie unter einer Glasglocke – eine Rentnerin, die nicht mehr dazugehört.«

Elfriede Brüning schreibt sehr persönliche Nachwende-Notizen. Sie schreibt über das eigene Unvermögen, sich mit der unvermeidlichen Vereinsamung im Alter abzufinden; über ihr Verhältnis zur Tochter und Enkelin; über die Kluft zwischen Ost und West, die vor allem der Unkenntnis gegenüber der Biographie des anderen geschuldet ist. Sie schreibt über die Unbekümmertheit mancher Jugendlicher und über die Beharrlichkeit, mit der einige von ihnen ein alternatives Dasein erstreben. An die eigene Befindlichkeit am 8. Mai 1945 wird erinnert, ebenso an den Besuch des Frauenkonzentrationslagers Ravensbrück anläßlich des 50. Jahrestages der Befreiung.

Die Erfahrungen der Autorin kann man teilen. Ihren kritischen Anmerkungen zur Zeit kann man zustimmen. In ihren Texten kann man das artikuliert finden, was man selbst oft so schon sagen wollte. – Aber, man kann auch bestürzt sein über das, was man da liest. Man muß Spannungen ertragen können. Und man kann sogar widersprechen. Doch das ist gut so, in dieser Zeit.

Elfriede Brüning

Jeder lebt für sich allein

Nachwende – Notizen

edition reiher
Karl Dietz Verlag Berlin

Die Deutsche Bibliothek – CIP-Einheitsaufnahme

Brüning, Elfriede:
Jeder lebt für sich allein :
Nachwende-Notizen / Elfriede Brüning. –
Berlin : Dietz, 1999
(edition reiher)
ISBN 3-320-01963-5

© Karl Dietz Verlag Berlin GmbH 1999
Umschlagreihengestaltung: Trialon
Typographie: Brigitte Bachmann
Satz: MediaService, Berlin
Druck und Bindearbeit: Wiener Verlag GmbH
Printed in Austria

*Ich widme dieses Buch
meiner Tochter,
meiner Enkelin und
meinen Urenkeln,
von denen auf diesen Blättern
noch viel
die Rede sein wird.*

INHALT

NEUANFANG

Heute habe ich beschlossen, mich wieder an die Maschine zu setzen. Seit über einem Jahr habe ich nichts aufgeschrieben. Wenn mich Zuhörer meiner Lesungen fragten, was sie demnächst aus meiner Feder zu erwarten hätten, habe ich leicht verlegen geantwortet, mir falle nichts mehr ein. Sie versuchten mich zu trösten, das käme wieder, sicher brauche ich nur eine Atempause, eine Zeit der Besinnung. Ich weiß es besser. Ich lebe nicht wirklich in dieser Zeit. Mir ist, als bewege ich mich im luftleeren Raum, bin im Schwebezustand, atme wie unter einer Glasglocke – eine Rentnerin, die nicht mehr dazugehört. Ich weiß, daß sich draußen, jenseits der Hülle, die mich umschließt, Tragödien ereignen. Die Zeitungen sind voll von Sensationsnachrichten. Ein Obdachloser hat sich vor den einfahrenden Zug geworfen; der Fahrbetrieb mußte für die Dauer von dreißig Minuten unterbrochen werden. Ein Datschenbewohner hat den Enkel des Alteigentümers, der ihn vertreiben wollte, mit einem Beil erschlagen. Frauen benutzen den ihnen gewidmeten Tag zum Streik, um auf ihre Lage aufmerksam zu machen. Andere Beteiligte rufen zur Demonstration auf, wollen Straßenkreuzungen blockieren, Bahnen und Busse zum Halten zwingen. Bewegt mich das alles nicht mehr? Bin ich nicht selber betroffen?

Ach, ich bin schon zu alt, ich habe das alles schon einmal erlebt. Parallelen drängen sich mir auf: an das Dritte Reich, als Frauen, deren Männer noch in Arbeit standen, wegen »Doppelverdienertums« aus ihren Stellungen flogen und an Herd und Wiege verpflichtet wurden. An noch frühere Zeiten, als Betriebe ihre Arbeiter wegrationalisierten und diese schon frühmorgens in den Kneipen hockten; als Handwerker sich vergeblich gegenüber den Warenhäusern zu behaupten suchten. Die Läden im Stadtinneren veröden, weil die auf der Wiese errichteten »Kaufcenter« die Käufer an sich ziehen wie ein Magnet. Hitler verstand die Wut der Armen auf die »Plutokraten« zu lenken, auf die jüdischen Besitzer der Warenhäuser, auf das »Weltjudentum«. Heute sind die Ausländer an allem schuld. Auf ihre Wohnheime schleudern desillusionierte Jugendliche ungehindert Brandsätze, denn Polizei und Gaffer stehen daneben, Hände in den Hosentaschen. Schwarze werden am hellichten Tag zusammengeknüppelt, und Vietnamesen, die mir auf meinem Weg zur Tankstelle, unter der Jannowitzbrücke, ihre Zigarettenstangen entgegenstrecken, werden von Polizisten mißhandelt und sexuell mißbraucht.

Die Gesichter der kleinen behenden Vietnamesen verfolgen mich bis in den Schlaf. Vorwurfsvoll fühle ich ihre Augen auf mich gerichtet. Haben wir sie nicht ins Land geholt, vor gar nicht so langer Zeit, damit sie unseren Betrieben halfen, ihr Soll zu erfüllen? – Im VEB Damenmoden, meinem ehemaligen Patenbetrieb, saßen die Vietnamesinnen reihenweise an den Nähmaschinen, den Kopf tief über den Stoff gebeugt, den sie geschickt zu behandeln verstanden. Die Abende verbrachten sie in Marzahn, in dem zum Ghetto verkommenen Wohnblock, der den einheimischen Wohnungssuchenden, wie der Volksmund murrte, nun verlorenging.

Einmal, vor der Wende, hatte ich mir diesen Wohnblock näher angesehen, um eine Reportage zu schreiben. Die Ausländerbetreuerin der Vietnamesinnen führte mich durch die Zimmer. Jedes maß etwa sechzehn Quadratmeter und wurde von drei oder vier Frauen bewohnt. Eine jede hatte nur das eigene Bett, über das sie bunte Decken geworfen hatten, und an der Wand dahinter waren Fotos ihrer Angehörigen daheim gepinnt. Auf einigen der Bilder sah ich Kindergesichter. »Deine Geschwister?« fragte ich ein Mädchen, das kaum zwanzig zu sein schien. Sie verneinte energisch. »Meine drei Kinder!« sagte sie stolz. Sie hatte sich auf die Dauer von fünf Jahren hierher verpflichten müssen. Auf den Fotos sind ihre Kinder noch klein. Wenn die Mutter in ihre Heimat zurückkommt – sie will sich noch für länger verpflichten –, werden sie fast erwachsen sein. Wird der Mann ihr so lange treu bleiben? Sie zögerte mit der Antwort, sagte dann froh: »Aber wir fahren ja alle bald nach Hause! Auf Urlaub!« Ihre Landsleute hätten im vorigen Jahr auf Urlaub verzichtet, sagt sie, um in diesem Jahr reisen zu können. Sie zählten schon die Tage bis dahin. – Draußen zog die Betreuerin mich beiseite. »Die Frauen können nicht reisen«, sagte sie bedrückt. »Die DDR hat nicht das Geld, um für alle den Flug zu bezahlen. Ich hatte bisher nicht den Mut, es den Frauen zu sagen.«

Die Vietnamesinnen mußten also auch jenes Jahr – 1989 – in der Fremde verbringen, wo sie argwöhnisch von ihren deutschen Gastgebern beobachtet wurden, wenn sie in der Kaufhalle Reis einkauften – für ihre Angehörigen daheim. Manchmal schickten sie auch Fahrräder auf Transport oder Nähmaschinen, geschickt in Teile zerlegt. Und einige Male begleiteten sie Kolleginnen, die schwanger geworden waren, zum Flugplatz. Sie hatten durch ihren »Fehltritt« Arbeit und Gastrecht in der DDR verspielt und wurden abgeschoben.

Ich habe die Reportage über das Leben der Ausländerinnen in der DDR damals nicht geschrieben. Und ebensowenig wollte mir später eine Zeile des Protestes gelingen, als – 50 Jahre nach Kriegsende – Bilder vom Abzug der sowjetischen Truppen über den Bildschirm flimmerten. Nach jahrelanger Abwesenheit in die Heimat entlassen, gingen die Soldaten und Offiziere einer ungewissen Zukunft entgegen. Zu Hause haben sie weder Arbeit noch ein Dach über dem Kopf, und sogar den Namen ihres Landes gibt es nicht mehr. Als Geschlagene verließen die einstigen Sieger das Land, von dessen Reichtümern sie noch an sich rafften, so viel sie nur tragen konnten. –

Es gibt Bilder, bei deren Anblick einem die Röte der Scham ins Gesicht steigt, und Themen, an die man besser nicht rührt, weil man fürchtet, an den Wörtern ersticken zu müssen.

1990

Ich sauge Honig ...

... aus Büchern, versuche, mir aus ihnen Kraft und Mut zum Schreiben zu holen. Ein Buch hat mich in letzter Zeit besonders ergriffen, das Buch von Susanna Tamaro, einer noch nicht vierzigjährigen Autorin aus Triest. Das Buch ist in Italien rasch zum Bestseller geworden, und ich finde, es spricht für die Italiener, daß sie gerade dieses Buch mögen, das so ganz anders ist als andere Bücher, die zu Bestsellern wurden. In diesem Buch mit dem etwas pathetischen Titel »Geh, wohin dein Herz dich trägt« (es sind die letzten Worte, die eine alte Frau ihrer Enkelin mit auf den Weg gibt) geht es nicht um eine spannende Krimihandlung, keine Spionage-Affäre, ja, überhaupt nicht um »Action«; hier schreibt eine alte Frau ein paar Briefe an ihre Enkelin, die für ein Jahr nach Amerika gegangen ist. Sie weiß, daß sie diese Briefe niemals abschicken wird, denn die Enkelin hat sich ausbedungen, daß sie einander nicht schreiben. Die Junge wird also diese Briefe erst bei ihrer Rückkehr finden, vielleicht wenn die Großmutter dann gar nicht mehr am Leben ist.

Ich habe das Buch in einem Zuge gelesen, es geradezu verschlungen, obwohl die eigentliche Handlung, die Lebensgeschichte der Greisin, fast banal ist; sie eröffnet der Enkelin in Briefen, was sie ihrer Tochter, die früh ums Leben kam, bis zuletzt verschwiegen hat: daß diese nicht das Kind ihres Ehegatten, sondern ihres Geliebten war, eines Arztes, den sie bei einem Kuraufenthalt kennengelernt hatte und dem sie jahrelang in inniger Liebe zugetan war, bis auch er ihr durch den Tod entrissen wurde. – Wie gesagt, es ist nicht die Handlung, die mich ergriffen hat, der Lebensbericht einer Frau, die an den falschen Partner gerät, nicht den Mut findet, sich von ihm zu lösen, und eine jahrzehntelange Vernunftehe neben ihrer großen Liebe führt. Mein Leben ist anders verlaufen, und doch ist mir diese Großmutter Olga durch ihre Briefe ganz nahe gerückt. Das gestörte Verhältnis zu ihrer Enkelin, die sie als Waise bei sich aufgenommen und großgezogen hat und die sich so unbedacht über diese Liebe hinwegsetzt – ist es nicht, als fände ich mein Verhältnis zur eigenen Enkelin hier widergespiegelt? – Ich habe mich oft beim Lesen gefragt, wie eine so junge Autorin es zuwege bringt, sich in das Gefühlsleben und die Gedankenwelt eines alten Menschen hineinzuversetzen; in sein Unbehagen über die körperliche Gebrechlichkeit und die kleinen Tricks, die man anwendet, um die Gebrechen vor den Jüngeren zu verheimlichen, die sich oft in aller Unschuld darüber lustig machen, wenn die Großmutter sich schwerfällig und umständlich von ihrem Stuhl erhebt oder vergeblich an ihrem Brötchen knabbert, das die künstlichen Zähne nicht zerbeißen können. Susanna Tamaro, denke ich mir, muß eng mit einem alten Menschen zusammengelebt haben, um ihn so genau zu studieren, oder sie hat in dem Nachlaß ihrer Großmutter Aufzeichnungen gefunden, die ihr Anlaß gaben, dieses Buch zu schreiben, nach dem hoffentlich viele junge Leser greifen werden, damit sie uns Alte besser verstehen.

Sollte nicht auch ich über mein Verhältnis zu meiner Enkelin schreiben? Zu meiner Tochter Juliane? Hatte ich nicht oft in letzter Zeit schmerzhaft zu spüren vermeint, wie verletzlich die Bande sind, die mich Alte noch mit den beiden Jungen zusammenhalten? Oder sehe ich zu schwarz?

»Was schreibst du?« hatte mich auch meine Freundin Annemarie erst kürzlich gefragt; Annemarie, die Literaturwissenschaftlerin, die sich seit je an meinem Schaffen lebhaft interessiert gezeigt hat, und deren Anteilnahme auch heute noch nicht erloschen ist, obwohl sie inzwischen durch Krankheit und Alter – sie ist nun weit über achtzig – sehr hinfällig geworden ist. »Woran arbeitest du?« drängte sie weiter. »Schreibst du eine Erzählung oder einen neuen Roman?«

Ihre Frage brachte mich in Verlegenheit. Sollte ich eingestehen, wie ich meine Tage vertrödele, sie mit sinnlosen Beschäftigungen fülle? Wie ich nach immer neuen Ablenkungen Ausschau halte, Prospekte von Reisen wälze, die ich nie antreten würde – und das alles nur, um nicht in Versuchung zu geraten, mich an die Maschine zu setzen? – Ich wollte nicht mehr schreiben. Für wen? Die Leser scheinen uns nach der Wende abhanden gekommen. Waren wir einer Illusion verfallen, wenn wir gemeint hatten, die DDR sei ein Leseland? Zu groß ist das Angebot an bunten Illustrierten, an Enthüllungs- und Trivialliteratur – da erlischt das Interesse an guten Büchern. Aber kann das Interesse nicht einmal wiederkommen? – »Du mußt schreiben«, sagte Annemarie in meine Gedanken hinein. »Du hast oft Reportagen geschrieben, hast eine gute Beobachtungsgabe. Wer, beste Freundin, wenn nicht wir, können die Chronisten dieser Jahre sein?«

Annemarie hat recht. Die heute zwanzig sind, haben noch Erinnerungen an die DDR, sie sind hier zur Schule gegangen. Aber schon die Zehnjährigen wissen kaum noch, daß es die DDR einmal gab, und ihre Eltern erzählen ihnen oft nichts darüber. Wo gibt es denn noch die intakte Familie, in der man sich abends Geschichten erzählt, statt vor dem Fernseher zu sitzen? Wer Arbeit hat, steht oft genug im Streß, muß vielleicht um seinen Arbeitsplatz fürchten und hält daher den Mund, wo immer er gegen Ungerechtigkeiten oder Demütigungen, die man ihm zufügt, opponieren möchte.

So werde ich also doch wieder schreiben? Annemarie hat mir sogar einen Arbeitstitel vorgeschlagen: »Was mir auffällt«. Ja, der vorläufige Titel gefällt mir, er kann alles mögliche enthalten: Notizen über Tagesereignisse und über Personen, die mir über den Weg laufen. – Über Angehörige. – Über Probleme des Altwerdens. – Über das Sterben. –

Annemarie, die Ärmste, ist schon zu krank, um das Buch, das fertig in ihrem Kopf lebt, niederzuschreiben. Ich habe die Kraft – heute noch. Und ich habe die Pflicht, sie zu nutzen.

1995

CHRONIK EINES DORFES

Überraschend fliegt mir ein Brief ins Haus, von einer Lehrerin aus Mecklenburg, mit der ich schon seit vielen Jahren im Briefwechsel stehe. Seit längerem habe ich nichts mehr von ihr gehört. Jetzt teilt sie mir mit, daß sie aus ihrem Dorf nach Usedom übergesiedelt sei, wo sie sich an eine Tagesschule habe verpflichten lassen. Sie habe es in dem Dorf nicht mehr ausgehalten. Die meisten Eltern ihrer Schüler hätten ihre Arbeit verloren, und das Dorf sei ein Ort von Müßiggängern geworden. Wer es irgend einrichten könne, sei schon fortgezogen, und zurückgeblieben seien nur die Alten, Kranken und Gebrechlichen. Sie habe befürchtet, in dem Dorf, wo einem die Not auf Schritt und Tritt entgegenträte, ersticken zu müssen.

Ich war betroffen. Vor der Wende, das wußte ich von ihr, war es den Dorfbewohnern sehr gut gegangen. Die örtliche LPG-Tierproduktion war so etwas wie ein Musterbetrieb, der über die besten Kühe verfügte und die höchsten Milcherträge erzielte. Ein bescheidener Wohlstand war erarbeitet worden, der jedem Bauer seinen Trabbi, wenn nicht gar einen Lada oder Wartburg bescherte. In den sechziger Jahren hatten sich die Dörfler aus eigener Initiative ein Kulturhaus gebaut, in dem sie ihre Hochzeiten, Jugendweihen und Betriebsfeste feiern und Filme vorführen konnten.

Auch die Kultur war nicht zu kurz gekommen. In der Schule stellte ein engagierter Zeichenlehrer Grafiken, Zeichnungen und Fotografien aus und lud die Kunstinteressierten der Umgebung zu Galeriegesprächen. Das alles galt nun nichts mehr? War aus und vorbei? Ich überwand meine Lethargie, die mich seit der Wende befallen hatte, und beschloß, hinzufahren. Hatte mich nicht auch Annemarie dazu ermutigt, wieder Reportagen zu schreiben? Plötzlich reizte es mich, mich von dem Zustand des Dorfes selbst zu überzeugen.

Der Weg nach S. führt über Anklam, wo ich übernachten wollte. Doch schon hier geriet meine Unternehmung in erste Schwierigkeiten: Weit und breit gab es in dem Städtchen kein freies Bett. Die einzig vorhandene Pension war auf Monate ausgebucht. Schließlich verwies mich jemand auf das Lehrlingsheim. Dort könne man, wie er gehört habe, Zimmer mieten. Das Haus sei nicht zu verfehlen, denn es liege unmittelbar vor dem großen neuen Massa-Einkaufszentrum.

Im Lehrlingsheim gab es wirklich noch freie Zimmer, die allerdings trotz der Einfachheit – Dusche und Toilette auf dem Flur – nicht billig waren. Fünfzig bis sechzig Mark zahlt der Gast für ein Zimmer ohne Frühstück, für das zusätzlich sechs Mark berechnet werden. Sei der Preis nicht zu hoch? frage ich den Heimleiter. Der stimmt mir zwar zu, entschuldigt sich aber damit, daß er nicht selber die Preise festsetze. Das Heim oder Internat, das früher, zusammen mit der Berufsschule und der Lehrwerkstatt, dem »Landtechnischen Instandsetzungswerk« unterstand, wurde laut Einigungsvertrag kostenlos an die Kommune gegeben, die nun das Sagen hätte. Auch die Preise für das Kantinenessen sollen erhöht werden, so daß dann wohl niemand mehr hier essen könne, denn die Löhne und Gehälter seien ja die gleichen geblieben. Offenbar wolle man die Betriebsküche, eine der letzten im Kreis Anklam, auf diese Weise kaputtmachen. Dann lägen auch die fünf Küchenfrauen auf der

Straße. Auch er habe seine Kündigung bereits in der Tasche, angeblich sei »kein Bedarf« für ihn. Wie aber die zwei verbleibenden Mitarbeiter der Heimleitung die Arbeit schaffen wollen, sei ihm ein Rätsel. Sie müßten um fünf Uhr früh bis Mitternacht auf den Beinen sein. Und wie, wenn einer von ihnen mal krank wird oder in Urlaub fährt?

Er betrachtet sich selbst als Opfer. Man habe ihn vor Jahren gezwungen, seine Arbeit als Internatserzieher aufzugeben und hauptamtlich in der FDJ zu arbeiten. (»Sonst kannst du nicht Vorbild sein«.) Natürlich habe er sich fügen müssen. Erst im September '89 habe er wieder in seinen Erzieherberuf zurückgehen können. Und nun falle er unter das Gesetz im Einigungsvertrag, nach dem alle, die nach dem 31. August 1989 eingestellt wurden, zu entlassen seien.

Auch die Zahl der Internats-Lehrlinge sei geschrumpft. Früher kamen die Lehrlinge, meist Zehnklassen-Schüler, aus der ganzen Republik hier zusammen und lernten Maschinen- oder Motorenschlosser. Jetzt würden sie auf Landmaschinen-Techniker umgeschult. Der frühere Betrieb, LIW, hat sich in mehrere Betriebe aufgesplittert, die Lehrwerkstatt gibt es nicht mehr, die große computergestützte Halle mit Prüfstand, in dem die Motoren demontiert und wieder zusammengebaut werden konnten, wurde plattgewalzt, um Platz für den Massa-Verkaufsraum zu schaffen, wo man, angefangen vom Fingerhut bis zum Freizeithaus, alles erwerben kann. Was jetzt noch an maroden Motoren hierher gebracht wird, muß per Hand bearbeitet werden. Aber es kommen ja kaum noch Motoren. Bisher hatte der Betrieb hauptsächlich mit sowjetischen Traktoren zu tun, für die, übertrieben gesagt, jedes Exemplar einen eigenen Schlosser benötigte. Der Betrieb hatte 30 Schlosser beschäftigt! Man bekam früher nicht den Maschinenpark, den man brauchte; oft genug wurde aus zwei Maschinen eine neue gebastelt. Heute wird eine Reparatur innerhalb weniger Stunden ausgeführt, und die bundesdeutschen Herstellerfirmen, die ihre Produkte großzügig auf Kredit verkaufen, haben ihren eigenen Service. – So ist die Zahl der Lehrlinge auf ein Drittel gesunken. Was aus den anderen geworden ist? Er hebt die Schultern. Er weiß es nicht. Aber was er weiß: Auch die verbleibenden Lehrlinge werden nach Beendigung ihrer Lehrzeit auf der Straße liegen.

So düster dies alles aussieht – der Heimleiter gehört nicht zu den Menschen, die so leicht resignieren. Er hat kürzlich einen Antrag auf Privatisierung gestellt, er will das Lehrlingsheim in eigene Regie übernehmen, es zum Hotel umfunktionieren. Die Lehrlinge müßten dann eben enger zusammenrücken. Natürlich kostet der Umbau viel Geld, die Banken verlangen hohe Zinsen, er wird sich hoch verschulden müssen. Aber er denkt, daß er zusammen mit sieben Leuten hier den Laden schmeißen kann. »Es bleibt mir gar nichts anderes übrig«, sagt er. »Es ist für uns die einzige Überlebenschance.«

Am nächsten Morgen mache ich mich auf den Weg in mein Dorf. Von Anklam aus muß ich weiter in Richtung Greifswald fahren. Der Ort wirkt wie ausgestorben. Kein Mensch ist auf der Straße an diesem frühen Tag. Im ehemaligen Konsum, jetzt Mini-Markt, rät mir die einzige Verkäuferin, mich wegen näherer Auskünfte an den Diakon des Ortes zu wenden. Er sei seit achtzehn Jahren hier ansässig und kenne sich gut aus. Ich befolge ihren Rat, zumal der Diakon gleich um die Ecke wohnt. Er ist natürlich bereit zu einem Gespräch mit mir, schließlich gehört es zu seinem Beruf, die Leute anzuhören. »Stimmt es«, frage ich ihn, »daß Sie in einem Dorf von Rentnern leben?«

Er nickt, meint aber, daß die Überalterung vorprogrammiert gewesen sei, da in der früheren LPG leider niemand daran gedacht habe, auch Lehrstellen zu schaffen. Die jungen Leute seien also schon immer auswärts in die Lehre gegangen und nur selten ins Dorf zurückgekehrt. Heute arbeiteten viele der Jungen in Hamburg, Köln oder Wuppertal. Sie verdingen sich als Gastarbeiter, verdienen gut, riskieren aber, daß hier ihre Ehe in die Brüche geht. Einige Frauen hätten sich schon scheiden lassen, andere ließen Haus und Hof im Stich und folgten dem Mann nach drüben – in die Wohngemeinschaft oder in eine Barackenwohnung. Schlimm sei es vor allem für die Alten, die allein zurückblieben. Und alt seien heute ja schon alle, die die Fünfzig gerade hinter sich hätten. Von 600 Beschäftigten in den früheren LPGs – eine für Pflanzen- und eine für Tierproduktion – würden heute gerade noch 100 gebraucht. Die übrigen schickte man in den Vor-Ruhestand, oder sie sind arbeitslos. Niemand weiß, wie es weitergeht. Zur Einzelbauern-Wirtschaft will niemand zurück. Ein einziger Bauer hatte die Absicht, er hätte sich aber über hundert Jahre verschulden müssen, um den Hof überhaupt erst mal betriebsfähig zu machen. Und es ist ja alles für den Bauer viel komplizierter geworden. Bisher hatte ihm das sozialistische Prinzip feste Preise garantiert. Für einen Zentner Kartoffeln zahlte der Staat das Doppelte des späteren Verkaufserlöses, damit konnte man leicht rentabel sein. Heute weiß der Bauer nicht, ob er das Getreide, das er gerade sät, auch verkaufen kann. Und schon gar nicht kann er den Preis bestimmen. Im letzten Frühjahr gab es eine gute Kartoffelernte, und zum Glück eröffnete sich über die EG-Ausfuhr die Möglichkeit, Zehntausende Zentner in die UdSSR zu verladen. Damit konnte man gut über die Runden kommen. Und jetzt hoffen die Bauern auf eine gute Getreideernte, damit sie ihre Leute bezahlen können. Die früheren LPGs wurden übrigens zu einer eingetragenen Genossenschaft zusammengefaßt.

Die größte Sorge bereiten die vielen überflüssig gewordenen Bürokräfte, die Abteilungsleiter und Brigadiers. Die neue Genossenschaftsleitung hat nur noch drei Mitarbeiter – und einen Computer. Und die westlichen Betriebe bringen die eigenen Leute mit. – Einige Handwerksbetriebe haben sich installiert. Aber auch die sind noch nicht aus der Klemme. Es ist ungeheuer schwer, an die Kredite oder

Zuwendungen heranzukommen. Da sind Gutachten beizubringen und Dutzende von Formularen auszufüllen – man braucht dazu einen Vorlauf von sechs bis acht Monaten. Und selbst die Ämter kennen ja noch nicht alle Gesetze, nach denen sie arbeiten sollen. Es gibt zwar ein aufgeblasenes Landratsamt, aber das ist überfordert durch die vielen Arbeitslosen, die auf einmal da sind.

Er spricht von der eigenen Tätigkeit. Er ist zuständig für die Arbeit unter den Jugendlichen, kennt keinen Achtstundentag, meist kommt er auf sechzig Wochenstunden. Der Kirchenkreis besteht aus 16 Pfarrstellen mit 16 000 Kirchenmitgliedern, also Christen, unter 25 000 Einwohnern in diesem Bereich. Die Kirche, die vor Jahren eingestürzt war, wurde unter großen Schwierigkeiten schon vor der Wende, unter aktiver Mithilfe von Lübeck, wieder aufgebaut. Es gibt keinen Pfarrer im Ort, zum Gottesdienst kommt der Pastor aus der Nachbargemeinde herüber. Die Zahl der Kirchgänger hat in letzter Zeit leicht zugenommen, ebenso die Teilnehmerzahl an der Konfirmation. Aber konfirmiert kann nur werden, wer getauft ist, und es fehlt ja praktisch eine Generation derer, die getauft worden sind. Die Kirche bietet daher jetzt Konfirmandenunterricht für Erwachsene an, an denen sich oft die ganze Familie beteiligt. Eine kürzliche Umfrage unter 24 Kindern ergab, daß nur 8 eine Kirche schon von innen gesehen haben. Die Entfremdung von der Kirche sei sehr groß.

Das neue dreigliederige Schulsystem gefällt ihm gar nicht, weil dadurch die Dorfkinder stark benachteiligt werden. Schon die Zwölfjährigen müßten täglich mit dem Bus nach Anklam in die Realschule oder ins Gymnasium fahren, falls sie nicht überhaupt ins Internat übersiedeln. Aber dort kostet die Unterkunft 20 DM pro Tag. (Früher gingen bei uns erst die Schüler ab der 10. Klasse, also die Sechzehnjährigen, auf die Erweiterte Oberschule.) Praktisch gehe man also im Schulsystem auf die alten Modelle zurück. Als Folge davon treffen viele Abmeldungen fürs Gymnasium ein, so daß Begabungen verkümmern. Den alten Bundesländern, meinte der Diakon sarkastisch, scheint das Bildungschaos bei uns ganz willkommen zu sein: Um so eher können sie später ihre Intelligenz bei uns einschleusen, während wir in den neuen Bundesländern weiter »die Doofen« sind. »Ich hätte mir gern ein neues Deutschland gewünscht«, sagte er, »es müßte nicht unbedingt sozialistisch sein. Aber was jetzt entsteht ... Die Politiker wollten die Wahl gewinnen, und die Wirtschaftler sehen nur den neuen Markt.«

Ich frage, wie es hier mit der Kriminalität bestellt sei? – Nun, von Einbrüchen hier oder da stünde täglich etwas im Polizeireport. Im Dorf gehe es noch vergleichsweise ruhig zu. Die Leute kennen einander zu gut. Und die Asozialen, die Alkoholiker, hätten sich wohl irgendwelchen Gruppen in den Städten angeschlossen, die kämen nur ab und zu mal ins Dorf zurück. Solche Gruppen gäbe es in Greifswald und in Grimmen auf der Straße. Greifswald, das durch die Umrüstung des alten Atomkraftwerkes und durch die Auflösung der Medizinischen Fakultät zugunsten von Rostock seine besonderen Probleme hat – demnächst würden 20 000 Bewohner arbeitslos und würden wahrscheinlich die Stadt verlassen –, sei leider auch ein Zentrum der Ausländerfeindlichkeit. Die Polen, Ungarn, Türken und Jugoslawen, die im Atomwerk beschäftigt waren, würden als erste entlassen, ebenso die Vietnamesen aus den Kleiderwerken. Die Uniformteile für die westlichen Armeen, die sie dort genäht hätten, bekäme man jetzt billiger aus Hongkong oder Manila. – Jeder Kreis habe nun die Auflage erhalten, 30 Ausländer bei sich aufzunehmen. Aber wo soll man sie unterbringen? In Kasernen? Die seien schon zu DDR-Zeiten nicht sehr gut gewesen. Und leider gäbe es gewisse Leute, die so argumentieren: Je schlechter wir die Ausländer unterbringen und behandeln, um so eher hauen sie wieder ab.

Er sieht mir an, daß mich seine Darlegungen niederdrükken. Gibt es denn gar keine Perspektive für das kleine Dorf? – »Wenn Sie mich das vor ein paar Monaten gefragt hätten«, sagte er, »hätte ich mit einem glatten Nein geantwortet. Jetzt bin ich schon etwas optimistischer. Aber sprechen Sie mal mit dem neuen Bürgermeister.«

Den Bürgermeister treffe ich, als er gerade, die Sense über der Schulter, von der Feldarbeit kommt. Er hat die Mittagspause genutzt, um beim Säubern der Wege und Gräben zu helfen. Hauptamtlich ist er als Hausmeister in der Schule tätig. Die Arbeit als Bürgermeister erledigt er ehrenamtlich. Wie er das alles unter einen Hut bringt? Ja, das sei sicher nicht leicht – dazu gäbe es zu viele Probleme, und jeder habe seine persönlichen Schwierigkeiten. – Er ist neu im Amt, und ich frage ihn, wie er dazu gekommen sei? Nun, sie hätten ihn gewählt, sagt er einfach, verschweigt aber dabei, daß die Wahl einstimmig war. Die Dörfler wußten wohl seit langem, was sie an ihm haben. Er war in der Bauernpartei, Mitglied der LPG, wo er als Meister im Kuhstall gearbeitet hat, bis ihm eine Krankheit die schwere Arbeit verbot. Er hat in der Vergangenheit durchaus nicht immer die Klappe gehalten, hat immer offen seine Meinung gesagt, was die Dörfler an ihm schätzen. Er ist bei allen beliebt, dennoch war er bisher, mit zwei Schwestern, die im Westen wohnen, für das Amt nicht tragbar. Da setzte man lieber als Bürgermeister einen Ortsfremden ein, einen Mann aus Halle, der sich hier ein Eigenheim gebaut hatte. Nach der Wende verschwand er nach Bansin. »Schade«, sagt sein Nachfolger, »wäre er hier geblieben, hätte er mich in meiner Arbeit unterstützen können; es wäre für mich leichter gewesen.«

Der 61jährige, man ahnt es, kommt auch so zurecht, obwohl er ohne Büro, ohne Sekretärin arbeiten muß, mit einem Telefon, dessen Hauptanschluß zur Schule gehört und das er nur abends zur eigenen Wohnung umstellen kann. Der Mann strotzt vor Aktivität. Was hat er in seiner kurzen

Amtszeit erreicht? – »Ich habe schon im Dezember '90 den Antrag gestellt auf ABM-Stellen«, sagt er, »weil es hieß, daß die LPG ab Januar '91 aufgelöst wird. Ich wollte nicht, daß so viele junge Leute auf der Straße liegen. Die ABM-Stellen wurden sofort bewilligt. Wir haben dann eine Baubrigade gebildet mit Maurern, Malern und Elektrikern. Dann gingen wir gleich daran, das Kulturhaus neu aufzubauen. Dieses Haus wurde in den vergangenen Jahren zweckentfremdet. Eine Zeitlang nutzte man es als Turnhalle, dann zog die Post dort ein, und zuletzt vergammelte es als Lagerhalle. Jetzt bauen wir einen neuen Gemeinschaftsraum, der auch der Schule als Aula dienen soll. Der Fußboden wird neu verlegt, neue Lampen werden installiert, eine Küche mit Elektroherd wird angebaut. Da wir im Dorf kein Gasthaus haben, soll dies hier der Treffpunkt für alle werden. Zum Glück habe ich in der Brigade einen guten Mann, auf den ich mich verlassen kann. Er teilt die Arbeit ein, schafft das nötige Material heran, größere Probleme sprechen wir gemeinsam ab. Den Lohn für die 12 ABM-Leute, im Durchschnitt 1 150 DM, zahlt das Arbeitsamt. Und 30 Prozent des benötigten Lohnes können wir für Material beantragen. Wir werden auch tatkräftig von dem neuen Schuldirektor unterstützt, der kürzlich von der Schulkonferenz neu gewählt wurde; er hat auch früher hier schon als Pädagoge gearbeitet. Wir haben noch keinen Lehrer entlassen müssen. Zwei schieden aus, weil sie in Rente gingen, zwei weitere haben in Anklam eine Wohnung bekommen, und eine Lehrerin verließ uns kürzlich und zog nach Usedom. Aber das wissen Sie ja. Hier im Dorf haben wir nur noch zwei Frauen im arbeitsfähigen Alter, alle anderen sind schon 60 oder darüber. Unser Dorfkindergarten wurde aufgelöst, es gibt aber eine Kinder-Tagesstätte im Nachbarort. Die Kinderzahl ist ja leider rückläufig: Die Zeiten sind zu unsicher, und die jungen Leute verlassen das Dorf. – Die Schulkinder erhalten ein warmes Mittagessen und zahlen dafür 2 DM, weiter 1,50 DM zahlt die Kommune. Gestern habe ich eine weitere ABM-Stelle beantragt für eine Frau, die als Sozialhilfe für ältere Bürger eingesetzt werden soll, die ihnen das Essen bringt und ähnliches. Aber sie ist keine Gemeindeschwester. Unsere bisherige Gemeindeschwester arbeitet im Nachbardorf auf der Sozialstation. Aber darüber lassen Sie sich besser von der Ärztin erzählen ...

Wenn das Kulturhaus steht, gehen wir an die alten Häuser ran. Die wurden nach der Bodenreform schnell hochgezogen, waren aber nur als Notlösung gedacht, nicht für immer. Sie sind ohne Komfort, verfügen weder über ein Bad noch über eine Innentoilette. Das müssen wir schnellstens verändern. Ich finde immer, die Chance durch ABM wird von den meisten Gemeinden zu wenig genutzt. Es gibt Fördermittel, jeder könnte seine Gemeinde auf Vordermann bringen. Man muß heutzutage selber anpacken. Wir haben hier zum Beispiel einige Gebäude, die sogenannten Schwedenhäuser, die seit langem abrißreif sind, aber uns fehlt dazu die Genehmigung. Nun habe ich Gelder beantragt für Denkmalpflege, wir wollen aus den Häusern ein Museum machen. Arbeit gibt's genug. Wir haben im Januar mit zwei ABM-Stellen angefangen, und die beiden Männer waren noch dazu Alkoholiker. ›Was willst du mit denen?‹ haben mich viele gefragt. Aber man darf diese Leute nicht sich selbst überlassen. Dann kommen sie ins Grübeln und greifen wieder zur Flasche. Natürlich gibt es Rückfälle – leider. Wenn's Geld gibt, sind sie erst mal zwei Tage unsichtbar. Aber man darf sie nicht hängen lassen. So, nun gehen Sie zu unserer Ärztin. Sie wird Ihnen gefallen.«

Die Ärztin wohnt im Nachbarort. Sie ist eigentlich Berlinerin, hat jahrelang als Betriebsärztin gearbeitet, aber es war immer schon ihr Wunsch, als Landärztin zu wirken. Da erzählte ihr ein Kollege von dieser Stelle bei Anklam. Die frühere LPG hatte hier einige Neubauten erstellt mit einer Außenstelle der Anklamer Poliklinik, die sie fix und fertig als niedergelassene Arztin übernehmen konnte. Sie hat nicht eine Minute gezögert, zuzugreifen. »Als ich das hier gesehen habe«, sagt sie, »den Teich und davor das Pferd und den Kindergarten da hinten, also da war ich ganz weg, da war die Sache gelaufen!« Ihre Angehörigen – Kinder und Enkel, die Mitvierzigerin ist schon Großmutter – leben in Berlin. Für sie selbst war es eine Art Flucht, von dort wegzugehen. Sie ist seit kurzem geschieden, wollte noch mal ganz neu anfangen.

Zu ihrem Gebiet gehören mehrere Dörfer mit ca. 2 500 Einwohnern. Natürlich mußte sie, als sie hier anfing, einen Kredit aufnehmen. Die Miete muß bezahlt werden, der Lohn für die Schwester muß da sein. Noch weiß sie nicht, ob sie existieren kann, aber sie hofft, es zu schaffen. Sie habe immer bescheiden gelebt, sagt sie, und sie denke nicht in erster Linie ans Geldverdienen. Und sie habe ein sehr gutes Verhältnis gerade zu alten Menschen. Ein Arztbesuch hier müsse vor allem auch Seelsorge sein. In letzter Zeit klappten viele alte Menschen zusammen, denen bisher nie etwas gefehlt habe. Sie verkraften das alles nicht: die Auflösung der Parteien, die Kinder, die plötzlich ohne Verdienst dastehen, die oft wegziehen und die Alten allein zurücklassen. »Da ist es beim Hausbesuch nicht mit Abhorchen und Rezeptschreiben abgetan. Da muß man einfach Zeit haben, um mit den Menschen zu reden. Und wenn die Alten dann sagen, ach, zu Ihnen habe ich Vertrauen – das ist schön. Ich gehe auch nie wieder nach Berlin zurück.«

Die Sozialstation. »Irgendwas mußte geschehen«, sagt die Ärztin. »Bisher hatten die Gemeindeschwestern gut gearbeitet. Sie hielten Sprechtage ab, hörten sich die Probleme an und schalteten notfalls den Arzt ein. Das lief wirklich gut, aber das war ja unter den neuen Verhältnissen nicht mehr erwünscht. In den alten Bundesländern heißt es: für 6 000 Einwohner eine Station. Das gilt für uns nicht, hier sind die Verhältnisse anders. Also wir haben uns hingesetzt – die ehemalige Gemeindeschwester, der Tierarzt und ich – und haben eine Struktur der Bevölkerung aufgelistet, also

Alter, Anzahl der Pflegefälle, Zustand der sanitären Anlagen, der wirklich erschreckend ist. Dann brauchten wir noch einen Trägerbetrieb, das ist jetzt die Johanniterunfallhilfe, eine Art Stiftung. Wir haben nun fünf Gemeindeschwesternstationen zu einem Zentrum zusammengefaßt, die Schwestern sind über ABM für ein Jahr angestellt. Jetzt beantragen wir eine weitere ABM-Stelle für eine Apothekerin, damit unsere Patienten nicht bis nach Anklam fahren müssen, um ihre Medizin zu bekommen. Auch Fahrzeuge brauchen wir noch, aus Bundesmitteln oder vielleicht aus Militärbeständen, damit wir einen Zubringerdienst organisieren können.«

Unser Gespräch wird unterbrochen, das Telefon schrillt. Sie greift nach dem Hörer – im nächsten Moment rennt sie in die Praxis hinunter. Vor zehn Minuten hat ihre Sprechstunde begonnen, die sie bis achtzehn Uhr unten festhalten wird. Aber es gelingt ihr, noch mal zu mir heraufzukommen. Der »Reizstrom«-Apparat sei geliefert worden, erzählt sie mir strahlend, ein Gerät, mit dem sie zwar nichts verdienen könne, aber ihre Patienten brauchten es dringend. Wer jahrelang in der Landwirtschaft tätig war, habe allemal einen kranken Rücken. Ja, und hinterher mache sie ihre Hausbesuche. Sie habe eine ungünstige Ecke hier erwischt, meint sie lächelnd, weil die Dörfer so weit auseinanderlägen. Und sowie man ihren Trabbi auf der Straße sähe, hielte man sie an: »Kommen Sie auch zu mir?« Aber sei es nicht schön, frage ich dazwischen, so gebraucht zu werden in einer Zeit, da viele darunter litten, nicht mehr gebraucht zu werden? Natürlich, ja, sie gibt es zu, obgleich es ihr auch manchmal – selten – zu viel werden könne. Wenn sie sich wirklich mal jemanden eingeladen hat, das Essen steht auf dem Tisch – und dann sei jemand an der Tür oder das Telefon klingelt. Eine neue Partnerschaft drohe durch ihre ewige Zeitnot in die Brüche zu gehen. Sie sagt das ohne großes Bedauern, und ich begreife, daß ihr die Arbeit wichtiger ist, das Bewußtsein, daß sie den Menschen helfen kann.

Doch auch im Beruf könne man ja manchmal Komplexe kriegen. Die vielen neuen Medikamente ... Mit denen müsse man erst lernen, richtig umzugehen. Aber die Vertreter, die so vorbeikämen, erzählt sie, seien der Meinung, daß unsere Ärzte doch ein wenig besser bewandert seien; die wüßten im allgemeinen, was sie verschreiben. »Unsere Ausbildung war also wohl doch nicht so schlecht«, sagt sie, »wie man es uns einreden will. Und vor allem gibt es bei uns noch die menschliche Zuwendung, die hoffentlich nicht verloren geht. Ich sehe jedenfalls immer zuerst den Menschen – und dann erst denke ich daran, was ich verdienen kann.«

Zuhause sortiere ich meine Notizen. So vieles, scheint mir, ist noch ungeklärt. Zum Beispiel die Eigentumsfrage: Können die Bauern das, was sie in die LPG eingebracht haben, wieder zurücknehmen? Die Älteren wollen es alle, und nach dem Landwirtschaftsrahmengesetz können sie es wohl auch. Aber wenn die jetzige Genossenschaft sie alle auszahlen muß, schwindet ihr Kapital. Die Jüngeren wieder haben die Landwirtschaft ja nie von der Pike auf gelernt. Sie waren entweder Mechanisator oder Traktorist. Die wüßten mit einem Stück Land gar nichts anzufangen.

Hat meine befreundete Lehrerin, die so rasch das Weite gesucht hat, zu schwarz gesehen? Sicher, die Lage in dem Dorf ist äußerst schwierig. Aber ich habe in den wenigen Tagen, die ich dort war, viele Menschen getroffen, die voller Initiative und Tatkraft sind. Ob sie ihre Pläne verwirklichen können?

Man sollte in ein paar Jahren wiederum hinfahren. Und vielleicht sind dann einige der jetzt Abtrünnigen sogar reumütig wieder in ihren Heimatort zurückgekehrt. Denn auch anderswo in deutschen Landen wird nur mit Wasser gekocht.

1992

Im Krankenhaus

Es ist merkwürdig, daß es meist einer mehr oder weniger starken Beeinträchtigung meiner Gesundheit bedarf, um in mir die Lust am Schreiben zu wecken. Als ich Ende 1990 überraschend unters Messer kam und sich die Genesung verzögerte, habe ich mir tagsüber im Bett zahllose Romananfänge ausgedacht, und ich konnte es kaum erwarten, wieder nach Hause und an meine Maschine zu kommen. Alles schien noch offen in jenem Vereinigungsjahr. Im Krankenhaus wirkten die früheren Ärzte, deren Stellung bisher kein Stasi-Verdacht hatte erschüttern können. Der Betrieb lief wie am Schnürchen, routiniert, in einer Ordnung, die für diese Polizeiklinik sprichwörtlich war und in die ich mich, genau wie zu DDR-Zeiten, nur durch Beziehungen – »Vitamin B« – hatte einschleichen können, denn die Aufnahme war einem bevorzugten Personenkreis vorbehalten. Ich hatte kürzlich mehrmals wegen Schmerzen im Oberbauch den Notarzt bemühen müssen. Der riet mir dringend zu einer Ultraschalluntersuchung. In der Poliklinik waren die Termine auf Monate hinaus vergeben. Da fiel mir ein, daß einer meiner Kollegen mit einer Ärztin verheiratet war. Ein Anruf genügte, und ich hatte meinen Untersuchungstermin für Anfang der kommenden Woche. Arglos begab ich mich hin – und lag schon am selben Nachmittag auf dem Operationstisch. Die Gallenblase! Eine Routine für die Ärzte. Nicht für mich.

Es war meine zweite Operation. Beim ersten Mal, vor dreißig Jahren, hatte man mir ein Terratom herausschneiden müssen, einen nicht entwickelten Zwilling, wie man mir sagte, der bösartig zu werden drohe, falls man ihn nicht entferne. Als ich aus der Narkose erwachte, stand der Professor an meinem Bett. Gut gelaunt hielt er ein Glas in die Höhe, in dem, in Spiritus, ein kaum erkennbares Gekrösel lag: der Zwilling. Ein winziges Ding. »Wollen Sie ihn mit nach Hause nehmen?« fragte der Professor. »Stellen Sie ihn auf Ihren Schreibtisch. Vielleicht inspiriert er Sie.«

Er inspirierte mich wirklich, obwohl ich das Glas samt Inhalt voll Abscheu von mir wies. Aber in Gedanken beschäftigte ich mich intensiv mit ihm, erdachte mir zahllose Variationen. Ein Zwilling, der in seiner Entwicklung gebremst, der nicht ausgereift war? Was war das für ein Zwilling? Ein Zwilling meiner Tochter Juliane, die ich 1942 zur Welt gebracht hatte? Oder ein Zwilling von mir, Jahrgang 1910? Was Zwillingsgeburten betrifft, so war ich vorbelastet. Meine Großmutter mütterlicherseits hatte sechzehn Kinder geboren, darunter mehrere Zwillingspaare. Nur vier Kinder blieben am Leben. Auch Großmutter starb schon mit vierzig Jahren; ich habe sie nie kennengelernt. Die Geschwister meiner Mutter erzählten mir später oft, daß der von Empfängnissen und Niederkünften mißhandelte Körper meiner Großmutter so zusammengeschrumpft war, daß er in einen Kindersarg hineingepaßt hätte. Doch der Pfarrer sprach am Sarg von einem erfüllten Leben.

Im Krankenhaus, sagte mir einmal ein Arzt, verlieren die Kranken rasch alle ihre Orden und Ehrenzeichen. Hier gelten andere Werte. Ich verstand ihn, nachdem ich ein paar Tage lang meine Zimmergefährtinnen beobachtet hatte. Die Kranke neben mir, eine Wissenschaftlerin, erhielt nie Besuch, ganz im Gegensatz zu unserer dritten Leidensgenossin, einer Bäuerin, zu der an jedem Besuchstag die ganze Familie angereist kam, Mann und drei Kinder, die bald den Raum mit ihrem hellen, durchdringenden Gezwitscher erfüllten. Sie kamen aus der Uckermark, hatten also eine lange, beschwerliche Reise vor und hinter sich, aber sie gaben sich fröhlich wie auf einem beliebigen Sonntagsausflug. »Beeil' dich, damit du wieder nach Hause kommst«, sagte der Mann jedesmal beim Abschied, und seine Frau, die wohl wußte, wie dringend sie in der Wirtschaft gebraucht wurde, nickte ihm zu und verbiß sich ihre Schmerzen, die sie hartnäckig weiter quälten, und die sich auch die Ärzte nicht erklären konnten, denn die Blinddarmoperation war ohne Komplikationen verlaufen. Ratlos umstanden sie das Bett der Frau, die sie schließlich, wie ich vermute, für eine Simulantin hielten. Sie verabreichten ihr Beruhigungstabletten und entließen sie nach Hause. Doch schon in der Nacht wurde sie wieder eingeliefert und sofort operiert: Sie hatte eine Bauchhöhlenschwangerschaft. Wir Patientinnen haben die Frau gar nicht mehr zu sehen bekommen. Wie viele solcher »Kunstfehler« von Ärzten mögen geschehen, von denen man niemals erfährt?

Auch die Wissenschaftlerin wurde entlassen. »Haben Sie jemanden, der für Sie sorgt?« fragte der Stationsarzt. Nein, sie hatte niemanden, sie war allein. Sie wolle sich mit dem Rest der Abfindung, die sie nach der »Abwicklung« erhalten hatte, in ein Heim einkaufen, sagte sie. In ein Pflegeheim. Sie wußte, warum man sie hier nicht länger behalten wollte. Sie ging dem Endstadium entgegen. Sie hatte Krebs.

Ich mußte auch über Weihnachten und Neujahr in der Klinik bleiben. Ein Abszeß, der sich gebildet hatte, wollte nicht heilen. Aber Tochter und Enkelin kümmerten sich sehr um mich, wechselten einander mit ihren Besuchen ab, so daß ich nicht einen einzigen Tag alleine blieb. Aber muß man erst krank werden, um zu fühlen, daß man noch an das Leben gebunden ist?

1990

Reisen – heute und dazumal

Ostern ließ ich mich diesmal überreden, mit nach Italien zu fahren. Zwar wollte ich nicht in die Ölmühle, in die es Juliane zog, die ich jedoch nur unter unzumutbaren Strapazen auf halsbrecherischen Wegen erreichen kann. Aber ein paar Tage am Mittelmeer zuzubringen, zwischen Genua und Nizza, am Fuße der Berge, erschien mir verlockend, und es bedurfte nicht vieler Überredungskünste meiner Tochter, um mich dahin zu bringen, daß ich mich kurzerhand zum Mitfahren entschloß und meine Sachen packte.

Es war nicht das erste Mal, daß ich mit Juliane im Auto gen Süden fuhr. Unsere erste Reise dorthin hatten wir schon Ende der siebziger Jahre unternommen, also zu einer Zeit, als Ausflüge ins kapitalistische Ausland für Bewohner der DDR zu seltenen Ausnahmen gehörten. Ich als Rentnerin durfte zwar fahren, falls ich meine Reise selber finanzieren konnte. Doch Juliane, die Jüngere, brauchte die Genehmigung ihres Berufsverbandes. Damals plante sie gerade ein Buch über das Leben einer Fotografin im Spanischen Bürgerkrieg, und sie hielt es für unerläßlich, die Stätten aufzusuchen, wo ihre legendäre Heldin gewirkt hatte. Valuta-Beträge benötige sie nicht, schrieb sie in ihrem Gesuch, da sie nach dem Tode ihres Vaters über etwas Westgeld verfüge. Wir hofften, daß somit der Genehmigung der Reise nichts mehr im Wege stand.

Doch die ersehnte Nachricht ließ auf sich warten. Auf Umwegen erfuhren wir, daß der Verband Julianes Gesuch an das Kulturministerium als übergeordnete Instanz weitergeleitet hatte; doch allem Anschein nach bediente man sich noch anderer Institutionen, bevor man eine endgültige Entscheidung traf. Eines Tages berichtete uns unsere Hauswirtin, mit der wir in ständiger Fehde lagen, mit kaum unterdrückter Schadenfreude, daß sie den Besuch zweier Herren erhalten hätte, die sich nach unseren Gepflogenheiten, unserem Bekanntenkreis, nach unserer Haltung gegenüber dem Arbeiter-und-Bauern-Staat erkundigt hätten. Natürlich habe sie nur Gutes berichtet, schloß sie süffisant, denn sie mache sich nicht zur Denunziantin von »Horch und Guck«. Uns verschlug es die Sprache. Holte man sich neuerdings Informationen von politisch Unzuverlässigen, zu denen wir meinten, auch unsere Wirtin zählen zu müssen? Vertraute man ihr mehr als uns? Fast wollten wir schon resignieren, unsere Reisepläne aufgeben; doch da erreichte uns der Anruf vom Verband mit der erlösenden Nachricht, daß der Paß für Juliane abgeholt werden könne. Vierundzwanzig Stunden später waren wir reisefertig.

Wir starteten am späten Nachmittag und planten, die erste Nacht noch in der DDR, in Schleiz, zu verbringen, wo wir vorsorglich ein Zimmer bestellt hatten. Aber als wir ankamen, war das Tor verschlossen, und erst nach mehrmaligem Umrunden des altersschwachen Gebäudes entdeckten wir an einem der Fenster einen Zettel mit dem Hinweis, daß sich Anreisende den Schlüssel beim Pförtner in der Nachbarschaft abholen sollten. »Typisch DDR-Gastronomie«, räsonierte ich, denn wo sonst auf der Welt hätte man Hotelgästen zugemutet, sich, womöglich mit schweren Koffern beladen, den Zimmerschlüssel erst mühsam heranholen zu müssen? Auch Juliane war verärgert. Unentschlossen, enttäuscht blickten wir einander an – bis wir plötzlich, wie auf Verabredung, dem ungastlichen Schleiz den Rücken kehrten und weiterfuhren über die Grenze bis ins nächste Dorf, wo wir nun allerdings für die Übernachtung kostbare Devisen würden hergeben müssen. Aber hier in dem einfachen Gasthof wurden wir freundlich begrüßt und in unser Zimmer geleitet, und wenig später servierte man uns »zur Abendvesper« zwei Kalbshaxen, die an Umfang die bei uns gewohnten Portiönchen weit in den Schatten stellten – allerdings zum dreifachen Preis. Auch das Frühstück am nächsten Morgen war so reichhaltig, daß ich eiligst, trotz Julianes deutlich gezeigter Mißbilligung, ein paar Brötchen als Wegzehrung in meine Tasche stopfte. Wußte ich denn, ob die Westberliner Bank, die ich im Auftrag meiner Tochter angewiesen hatte, einen bestimmten Betrag nach Lindau am Bodensee zu überweisen, den Auftrag pünktlich ausgeführt hatte? Durch DDR-Erfahrungen gewarnt, erschien mir Skepsis wohl angebracht. Und wie, wenn wir uns verfuhren oder wegen einer Panne liegenblieben? Was wir an konvertierbarer Währung für den Notfall bei uns trugen, war durch unsere leichtsinnige Westübernachtung schon zu einem Minimum zusammengeschrumpft. Und der Weg zum Bodensee war noch weit.

Aber zu unserer Erleichterung, das Geld war da, und jetzt erst konnten wir unsere Reise unbeschwert fortsetzen. Wir durchrasten die Schweiz und die französische Riviera ohne Aufenthalt und erreichten die Grenze nach Spanien wirklich schon am ersten Abend. Hier hätte ich gern Halt gemacht, aber Juliane war nicht mehr zu bremsen, nachdem sie ein Hinweisschild nach Barcelona gesichtet hatte. Freunde von ihr, Chilenen, hatten ihr dort ein Hotel empfohlen, das sie unbedingt vor Einbruch der Nacht noch erreichen wollte. Um schneller voranzukommen, hatten wir kurz hinter Perpignan die Straße verlassen und befanden uns nun auf der Autobahn. Juliane fuhr wie der Teufel, ohne sich durch die Wogen des Verkehrsstroms, die immer bedrängender wurden, beirren zu lassen. Ein mausgrauer Mercedes, anscheinend aus Marburg, schien es darauf anzulegen, mit uns um die Wette zu fahren. Einige Male schon hatte er uns überholt, war aber sofort danach mit dem Tempo heruntergegangen, so daß nun wir ihn überholen konnten, aber schon schoß er aufs neue an uns vorbei. Dieses Manöver wiederholte sich etliche Male. Was wollte der Marburger »Professor« von uns, wie wir ihn scherzhaft nannten? Wollte er mit uns anbändeln? Aber die riesige Dogge, die im Fond seines Traumautos saß und uns zähnefletschend durch die Heckscheibe anschaute, schien amouröse Ambitionen seines Herrchens auszuschließen. Was plante der Mann aber sonst? Allmählich wurde er uns unheimlich. Gerade hatte er wiederum sein Tempo gedrosselt, um unseren »Wartburg« zu zwingen, an ihm vorbeizurollen, und er blieb hinter uns, obwohl Juliane nun gleichfalls auf fünfzig hinunterging. Erst als sie kurzerhand rechts heranfuhr, konnten wir ihn abschütteln, aber im Vorbeifahren wandte er sich noch einige Male nach uns um, so daß wir auf einmal zu ahnen begannen, warum er sich so seltsam benahm: Den Mann hatte unser DDR-Kennzeichen irritiert! Wie konnten wir – Exoten aus dem Osten – uns auch auf internationalen Straßen bewegen! Sicher hielt er uns für Parteibonzen oder sonstige Privilegierte. Vielleicht sogar für Verbrecher?

Wir sollten im Laufe unserer Reise noch öfter auf Vorurteile treffen. Die nächste Nacht blieben wir in Sitges, da wir das uns empfohlene Hotel in Barcelona auch nach stundenlangem Umherirren nicht hatten finden können. Endlich hatten wir die Suche aufgegeben und waren weitergefahren. Inzwischen war es fast Mitternacht, wir waren totmüde und hatten nur noch den Wunsch, eine Bleibe zu finden, was zu der vorgerückten Stunde gar nicht so einfach war. Schon mehrfach hatte man uns abgewiesen, bis sich schließlich die Inhaber einer kleinen Pension, Vater und Sohn, unser erbarmten und uns ungern zwar, denn sie mußten unsertwegen ihre Schachpartie unterbrechen, ein Zimmer richteten. Weitere Gastlichkeit war ihnen aber nicht abzuringen, und auf Julianes schüchtern geäußerte Frage nach einem Imbiß hörten wir nur: »Aber Señorita, wissen

Sie, wie spät es ist?« So hatte ich doch noch meinen kleinen Triumph, weil ich, im Zimmer angelangt, meine eiserne Reserve aus der Tasche zog, auf die wir uns nun beide stürzten, als ob wir kurz vorm Verhungern wären. Tatsächlich hatten wir seit dem Frühstück nichts mehr zu uns genommen.

Am nächsten Tag wollten wir zeitig starten. Doch offenbar gab es noch andere Frühaufsteher, denn als wir, beladen mit unserem Gepäck, zum Parkplatz kamen, sahen wir dort einen Touristen bereits emsig mit dem Säubern seines Wagens beschäftigt. Er unterbrach seine Arbeit, als er uns kommen sah und stellte sich uns breitbeinig in den Weg. »Ach, Sie sind also die Besitzer dieses Vehikels«, sagte er, einen geringschätzigen Blick auf unseren Wartburg werfend. »Ich habe schon zu meiner Frau gesagt: Jetzt kommen sogar schon die Kosaken hierher!« Er machte eine Pause, wohl um die Wirkung seiner Worte auf uns abzuwarten. »Sind Sie allein unterwegs?« examinierte er uns weiter. »Oder reisen Sie in einer Gruppe?« Wir ahnten nicht, was seine Frage bedeuten sollte und taten ihm höflich Bescheid. »Nein, nein, wir reisen allein«, erwiderte Juliane, doch kaum hatte sie ausgesprochen, ging mit ihrem Gegenüber eine jähe Verwandlung vor. Sein Gesicht verfinsterte sich. Und so schnell es ihm seine Leibesfülle erlaubte, wandte er sich zu seinem Wagen zurück, zwängte sich hinter das Steuerrad und startete durch. »Dann – dann sind Sie Terroristinnen!« stieß er noch hervor, bevor sein Auto, mit eingelegtem Rückwärtsgang, nach hinten schoß. Wir konnten uns gerade noch in Sicherheit bringen.

Mit solchen Erlebnissen verglichen, verlief unsere heutige Fahrt, nach Albenga, völlig undramatisch. Niemand verrenkte sich diesmal auf der Autobahn den Hals nach uns; wir reisten in einem Westwagen, den wir nach der Wende für unsere halbierten Ersparnisse – ohne Wartezeit – hatten erwerben können, und unser neuer Paß wies uns als Bundesbürgerinnen, ja als Zugehörige der Europäischen Gemeinschaft aus. In den Ortschaften, durch die wir kamen, gab es niemanden mehr, die, wie wir es an der Mosel erlebt hatten, nach einem Blick auf unser Auto und danach auf unsere Garderobe verwundert ausriefen: »Ach, ich sehe, Sie kommen aus dem armen Teil Deutschlands. Ich dachte immer, dort gehen alle in Lumpen.« Die Frau, die das gesagt hatte, war nie aus ihrem Kaff herausgekommen. Ihr Mann arbeitete in einem nahen Weinberg, sie hatte vier Kinder großgezogen, die, inzwischen erwachsen, auch noch nie ihre Nase aus dem Nest herausgesteckt hatten. Aber die Vorurteile gegen ein Land, in das noch niemand von ihnen einen Fuß gesetzt hatte, waren in ihnen fest verankert.

Auch die »Trabbis« sind heute auf den internationalen Autobahnen ein gewohnter Anblick. Damals waren sie so selten wie Schneeflocken an einem Sommertag, und als wir, mitten in Frankreich, doch einmal einem begegneten, hätten wir fast einen Unfall verursacht, weil wir unbedingt dem Freund aus der Heimat einen Gruß zuwinken wollten. Ostreisende waren eine Rarität, und auch der französische Grenzbeamte hatte unseren blauen Paß, den wir ihm auf der Rückreise aus Spanien hinstreckten, unschlüssig hin- und hergewendet, bevor er ihn zögernd an uns zurückgab. »Solchen Paß«, sagte er dabei zu Juliane, die fließend mit ihm parlierte, »habe ich zum letzten Mal vor acht Jahren in der Hand gehabt.« Und wir hätten uns fast denken können, wer die damaligen Privilegierten waren: Kollegen von uns, die zur Nazizeit in der Résistance gekämpft hatten, und denen man großmütig erlaubte, die Stätten ihres damaligen Wirkens erneut aufzusuchen.

Damals waren wir wochenlang unterwegs, fuhren die ganze spanische Küste hinunter bis nach Almería, wo ich mich für einige Zeit einmietete, um faul in der Sonne zu liegen, während Juliane in der Umgebung ihren Recherchen nachging. Diesmal brauchten wir nur anderthalb Tage, um Albenga zu erreichen, wo wir laut Katalog ein Zimmer für mich vorbestellt hatten; es sollte komfortabel und altersgerecht sein. Doch als wir hinkamen, sahen wir auf den ersten Blick, daß ich hier nicht bleiben konnte. Das Zimmer lag im ersten Stock, der nur mit Hilfe eines seilartigen, schwingenden Geländers zu erreichen war, und die Stufen waren mit zahllosen Stoffetzen bedeckt, in denen man sich nur zu leicht verhedderte. Auch die Waschgelegenheit und die Toilette waren nur auf Umwegen erreichbar. Dies alles war »seniorengerecht«? Auch hier ist nicht alles Gold, was glänzt, stellten wir befriedigt fest und suchten eilig das Weite. Notfalls, meinte Juliane, müsse ich doch mit in die Ölmühle kommen, und während ich mich schon darauf gefaßt machte, die kommende Woche zusammengedrängt mit zwanzig bis dreißig jungen Leuten auf engem Raum verbringen zu müssen, fanden wir doch noch eine Pension, die mir geeignet schien, obwohl sie nicht am Meer lag, sondern in einer Nebenstraße. Das Zimmer war winzig, schmal wie ein Handtuch, verfügte aber über einen kleinen Balkon, von dem der Blick aufs Meer ging, mit einer Palme davor, wie auf einer Postkartenansicht, so daß er mich sofort für sich einnahm.

Erschöpft wie ich war von der weiten Fahrt, warf ich mich sofort aufs Bett, aber schon bald wurde ich aus meinem Halbschlaf von einem fürchterlichen Geknalle und Getöse wieder aufgeschreckt. Die Markise vor meinem Fenster knatterte wild, Windböen peitschten die Straßen und fegten beiseite, was ihnen in die Quere kam. Tischchen und Plastesessel von meinem Balkon wurden umgerissen, die Blumentöpfe lagen in Scherben. Ein Unwetter! Waren wir vierzehnhundert Kilometer gefahren, um hier den Weltuntergang zu erleben?

Doch kurze Zeit später war der Spuk verflogen. Wieder strahlte die Sonne aus unschuldig blauem Himmel, und nun hielt mich nichts länger, ich mußte ans Meer, das nach wie vor aufgewühlt war. Schaumkronen blitzten, und die Brandung spritzte ihren Gischt bis zur Promenade hinauf. Nur wenige Spaziergänger waren unterwegs, Alte wie ich. Die Männer lehnten an der Brüstung und beobachteten das Wellenspiel oder starrten den Frauen nach – den wenigen Jungen, die vorübergingen. Die alten Frauen schienen alle Trauer zu haben. Sie kleideten sich in düsteren Farben und verbargen das Haar unter einem Kopftuch, ähnlich wie ich es vor Jahren bei den Frauen Jugoslawiens gesehen habe. Ich kam mir plötzlich mit meiner weißen Strandhose fehl am Platze vor. Noch waren deutsche Touristen hier Mangelware. Die Italiener beherrschten den Strand, die Promenade, die Restaurants, von denen viele noch geschlossen waren.

Es war Vorsaison – und Karfreitag. Diesen Feiertag, in einem katholischen Land, hatte ich mir anders vorgestellt. Alle Geschäfte waren offen, boten wie alltags ihre Ware feil, und die Menschen schienen gerade diesen Feiertag dazu zu nutzen, dringend nötige Einkäufe zu tätigen. Mit Paketen beladen, hasteten sie über die Wege oder verschwanden in einem der Autos am Straßenrand.

Anders am Ostersonntag. Dies war nun wirklich ein Familienfest. Eingeklemmt inmitten einer Großfamilie, deren Mitglieder über meinen Kopf hinweg ihre Probleme erörterten, hockte ich in einer Pizzeria, der einzigen, in der ich noch einen freien Platz hatte ergattern können. Was suchte ich hier? Verlassen wie ich war, verstand ich nicht mehr, wieso ich mich darauf eingelassen hatte, hierher mitzufahren. Juliane hatte die Nachmittage mit mir verbringen wollen. Aber sie mußte immer bald wieder zurück in die Ölmühle, um aufgekommenen Streit zwischen ihren Feriengästen zu schlichten, um Essen zu kochen oder was sonst. Ich blieb allein zurück, ohne Fernseher, ohne einen Gesprächspartner, ja ohne eine Zeitschrift oder ein Buch. War es ein Wunder, daß ich mich nach meinem versmogten, von Baustellen durchpflügten Berlin zurücksehnte und die Stunden zählte, bis Juliane mich wieder dorthin zurückbringen würde, wo ich hingehörte? Im Alter, zumal wenn man fußlahm ist wie ich, sollte man sich von seinem Stammplatz nicht mehr weit weg begeben.

1994

40

DIE ÖLMÜHLE

Auf die Ölmühle muß ich noch etwas genauer eingehen. Es war im vergangenen Sommer, als Juliane in der »TAZ« eine Annonce las: Ein Theatermensch aus Süddeutschland suche für eine Ölmühle in Ligurien, die Platz für fünfzehn bis zwanzig Menschen böte, einen Mitnutzer. Gegen eine Kapitalbeteiligung von 10 000 DM sollte dem Partner die Ölmühle für die Dauer von drei Jahren jeweils einige Monate im Jahr zur Verfügung stehen. Juliane dachte sofort an die Frauen ihres Frauenprojekts, denen sie zu einem billigen Urlaub verhelfen könne, und war Feuer und Flamme. »Ligurien« schwärmte sie. »In der Nähe liegt Nizza, liegt San Remo, ist die Grenze zu Frankreich! Wollen wir uns das nicht einmal ansehen?« – Wir planten eigentlich eine Reise nach Bonn. Jede Abgeordnete hat die Möglichkeit, einmal im Jahr mehrere Frauen aus ihrem Wahlkreis nach Bonn einzuladen, um sie mit der Arbeitsweise in den verschiedenen Ministerien bekanntzumachen. Wir hatten beschlossen, mit einigen Frauenprojekt-Mitarbeiterinnen hinzufahren, doch nun stießen wir alles wieder um, fuhren zwei Tage früher ab, um noch den Umweg über Ligurien zu machen. Hätten wir das nur nicht getan, denke ich heute oft.

Der Ölmühlen-Hauptmieter hatte uns nur vage den Weg beschrieben: von Genua nach Albenga, immerhin noch

80 Kilometer entfernt, und dann die Berge hinauf bis zu einem Ort, dessen zungenbrecherischen Namen wir sofort wieder vergessen hatten. »Da sehen Sie das Haus schon liegen.« – Wir sahen gar nichts, wir verpaßten irgendwie die Zufahrt und landeten auf einem Weg, der kein Ende zu nehmen schien. Olivenhaine, wohin man blickte, und rechterhand steile Abhänge. Dazu mußten die Wege erst kürzlich von einem Traktor durchpflügt worden sein. Ich fürchtete um mein kleines Auto und seine Stoßdämpfer, sah uns schon mit Achsenbruch am Wegrand liegen, fernab von jeder menschlichen Behausung und uns nur von Oliven ernährend. Aber das Wägelchen rumpelte weiter, von Loch zu Loch, über Äste und Wurzeln und herabgewehtes Blattwerk. Nur Menschen waren nirgends zu sehen. Aber irgend jemandem mußten doch die Olivenhaine gehören, die sich bis zum Horizont hin zogen! Juliane lenkte gelassen in jede neue Haarnadelkurve – war sie wirklich so ruhig, oder spielte sie mir nur die Beherrschte vor, die nichts aus dem Gleichgewicht zu bringen vermochte? Endlich, nach wahren Höllenqualen, die ich an ihrer Seite ausstand, erblickten wir hinter einer Kehre eine Art Bauplatz, auf dem zwei Männer hantierten. »Die Mühle? Da liegt sie doch«, grinsten sie und wiesen mit den Fingern nach vorn, wo plötzlich, nur hinter ein paar Büschen verborgen, das Mühlengebäude in ganzer Größe vor uns lag. Der Vermieter, mit nacktem Oberkörper und durchlöcherten Jeans, die kurze Pfeife im Mundwinkel, stand breitbeinig vorm Eingang und sah seelenruhig, ohne sich von der Stelle zu rühren, mit an, wie ich, eine Frau über achtzig, am Stock und am Arm meiner Tochter vorsichtig über die sperrigen Stolpersteine zu balancieren suchte, die man überwinden mußte, um zum Haus zu gelangen. Schnösel! – schimpfte ich insgeheim. Konnte er mir nicht seinen männlichen Schutz anbieten? Im stillen schwor ich mir, in diese unwirtliche Gegend nie wieder einen Fuß zu setzen – ein Schwur, den ich auch lange gehalten habe.

Aber Juliane war hell begeistert. Allein die große Terrasse mit dem Blick über die Pinienwälder und das Meer dahinter weckte ihr Entzücken, und sie gab sich alle Mühe, auch mir den Aufenthalt hier in den buntesten Farben zu malen. »Sieh doch, hier kannst du morgens schon in der Sonne frühstücken«, sagte sie, »oder du kannst hier arbeiten, ich bringe dir die Maschine heraus ...« Ja, aber ich werde keinen Schritt allein vor das Haus setzen können, dachte ich. Und nicht einmal in den Innenräumen mit ihren verschlungenen Winkeln und Fußangeln könnte ich mich frei bewegen. Ich wollte protestieren, aber meine Tochter war schon dabei, mit dem Hauptmieter den Vertrag aufzusetzen: Fünfhundert Mark Miete pro Monat würden ihr ein befristetes Wohnrecht sichern, dazu kämen die zehntausend DM als Einlage ... Wieso solch ein hoher Betrag? Nun, das sei der Anteil an dem, was er bisher an Geld und Arbeitskraft investiert habe, meinte das Schlitzohr, und Juliane nickte zu seiner Erklärung. Natürlich, er hatte ja inzwischen zwei Toiletten installiert, zwei Duschen dazu, und es gab eine alte Waschmaschine, die er den Gästen zur Verfügung stellte, von der übrigen Möblierung, einschließlich der Liegen, gar nicht zu reden. Nur die Bettwäsche hätten die Urlauber selbstverständlich mitzubringen. In der Tat, dachte ich schadenfroh, die zwei dutzend Feriengäste pro Durchgang, die meine Tochter zur Unkostendeckung herbeischaffen müßte, würden hier einmalige Ferien verbringen! Vor den Duschen und den Toiletten würden sie sich morgens und abends drängeln, und zähneklappernd würden sie sich um das einzige Öfchen scharen, das ich entdecken konnte und für das sie das Brennholz selber im Wald schlagen und zerkleinern müßten. Aber ich zückte bereits mein Scheckheft. Den Überredungskünsten meiner Tochter konnte ich noch nie widerstehen.

Seitdem ist die Ölmühle unser Schicksal. Juliane unterhält, neben ihrer aufreibenden Tätigkeit für das Frauenprojekt, eine Art Reisebüro, um die Mühle immer, wenn sie ihr zur Verfügung steht, mit genügend vielen Feriengästen zu füllen. Sie ist verantwortlich für das Inventar, verwaltet den Schlüssel, den sie den Anreisenden übergeben und bei ihrer Abreise wieder abnehmen muß, und sie hat auch dafür geradezustehen, daß die Urlauber die Räume in vorbildlicher Ordnung hinterlassen – das Schlitzohr erweist sich in dieser Hinsicht als pingelig. Mehrmals im Jahr also legt Juliane in ihrem Kleinwagen 3 000 Kilometer zurück, um ihren Pflichten in der Ölmühle nachzukommen, und das merkwürdigste ist: Es macht ihr Spaß, es fördert ihr Wohlbefinden. Und auch alle ihre Quartiergäste sind des Lobes voll, preisen das Leben zwischen den Weinbergen, wo man das köstliche Naß fässerweise zu Billigpreisen vom Weinbauern holt, sich seine Spaghetti selber bereitet und bis in die Nacht diskutierend zusammensitzt. Es ist das einfache Leben, das Alternativ-Dasein, das die gestreßten Großstädter fasziniert, und an diesem Hochgefühl änderte sich auch nichts, als sie kürzlich auf Notquartiere ausweichen mußten, weil das Schlitzohr die Mühle noch anderweitig vergeben hatte, zu den gleichen saftigen Bedingungen, dabei jedoch großzügig übersehend, daß sich die Termine überschnitten. Es gab einen kurzen Rabatz, doch schließlich einigte man sich friedlich, und nach einer Woche räumten die Fremden das Feld.

So hat sich unsere – meine – Kapitalanlage also gelohnt? Ja – für alle anderen, aber nicht für mich, denn ich werde bis zum Ablauf des Vertrages – also für volle drei Jahre – dazu verurteilt sein, sämtliche Ferien, im Sommer wie im Herbst, sowie auch die Weihnachts- und Neujahrstage allein zu verbringen; denn meine Angehörigen, Tochter und Enkelin samt Urenkeln sind ausgeflogen. Hin und wieder läutet abends mein Telefon, dann rufen sie aus der benachbarten »Osteria« an, um mir zu versichern, wie gut sie es haben. Nächstes Mal müsse ich mitkommen, drängen sie. »Ja«, sage ich gehorsam, »nächstes Mal.« – Wenn ich noch lebe, denke ich für mich. Ich bin nicht mehr die Jüngste.

Oft fürchte ich mich davor, so allein zu sein. Wenn mir nun etwas zustößt? Ein Schlaganfall? Ein Herzkollaps? Niemand ist da, der mir zu Hilfe käme. Man soll ja das Unglück nicht herbeizwingen. Aber könnte die altersschwache Mühle nicht mal zusammenfallen?

1994

ABSTECHER NACH BONN

Von Ligurien aus fuhren wir damals weiter nach Bonn. Hier hatten wir einige Mühe, unser Quartier zu finden, das am Stadtrand lag: eine vielleicht drittklassige Pension, die Möblierung der Zimmer spartanisch, Dusche auf dem Flur, zum Frühstücken sollten wir ein nahegelegenes Restaurant aufsuchen. Also die vielgeschmähte DDR hat ihre Delegationsgäste vornehmer bewirtet, fanden wir. Aber schließlich sind wir hier auf Einladung der PDS, da wollen wir uns Klagen oder gar Beschwerden verkneifen – wieder einmal wird uns deutlich, wie sehr sich die Verhältnisse verändert haben. Wir mußten uns beeilen; die verschwitzten Kleider herunter, eine hastige Dusche, dann das frische Zeug, möglichst luftig natürlich, draußen sind 30 Grad – es war ein Jahrhundertsommer. Ich ächze mal wieder unter meiner Behinderung. Seit die Ärzte eine Nervenlähmung der Füße festgestellt haben, trage ich orthopädische Stiefel, die bis zur Wade reichen. Also nichts mehr mit leichten Sommerkleidern oder gar Röcken; ich bin dazu verurteilt, Hosen zu tragen, und zwar nicht etwa Shorts oder die modischen Caprihosen, sondern solche, die bis zu den Knöcheln reichen und meinen Makel bedecken. Daß die Stiefel, die nun beinahe unsichtbar sind, mir wie Bleigewichte am Körper hängen, das sieht man nicht mehr; das weiß nur ich.

Drei Tage lang wurden wir von Ministerium zu Ministerium geschleift und mit Vorträgen bepflastert, von denen mir nicht viel in Erinnerung ist. War es die Hitze, die unsere Gedanken lähmte und jeden Widerspruch im Keim ersticken ließ? Ich glaube, es ging den übrigen Teilnehmerinnen ebenso: Man fühlte sich plötzlich in eine andere, fremde Welt versetzt. Was konnte die bisherige LPG-Vorsitzende, die neben mir saß und deren Betrieb im Dorf gerade aufgelöst wurde, von den Redetiraden dieser Krawattenträger, die sich so freundlich vor uns aufgebaut hatten, mit nach Hause nehmen? Und welchen Trost fand die ausgebildete Ökonomin, der man auf dem Arbeitsamt gerade erklärt hatte, sie sei wegen »Überqualifikation« nicht zu vermitteln, wenn man ihr hier geschönte Statistiken vorhielt, die die Wahrheit verfälschten? Hier in Bonn, an dem mit Villen gespickten Rheinufer, in einer begnadeten Landschaft, die noch von keinem der diskret durch Verkehrsadern rauschenden BMW- und Mercedes-Wagen zerstört worden war, spürten wir plötzlich, wie weltenweit entfernt unsere Heimat lag, das Land im Osten, aus dem wir alle kamen, ob aus Sachsen-Anhalt oder aus Mecklenburg. Was hatten wir hier zu suchen – es sei denn, wir meldeten Proteste an? Aber keine der Frauen bat ums Wort. War doch die Gluthitze schuld an der Lethargie?

Beim gemeinsamen Mittagessen saßen wir an getrennten Tischen und hatten einander kaum kennengelernt. Aber abends fanden wir uns in der Diele der Pension zusammen. Eine hörte meinen Namen und erkundigte sich zaghaft, ob ich die sei, welche ... Und als ich nickte, ja, ich sei es, wurde ich sofort stürmisch begrüßt und von vielen umringt. Sie waren alle um die Fünfzig, die Frauen – also meine Töchter. »Mit deinen Büchern sind wir doch groß geworden«, sagten sie.

Ob ich etwas Neues geschrieben hätte? Sie wußten nicht,

daß ich nach der Wende drei neue Bücher veröffentlicht hatte. Woher auch? In den Buchhandlungen liegen nur Reiseberichte, Kochbücher und neben Werken, die wir lange vermissen mußten, viel Trivialliteratur, von Konsalik bis zu Hedwig Courths-Mahler, deren Erzeugnisse schon unsere Großmütter verschlungen haben. Ich holte aus dem Wagen einen Packen meiner Bücher, die ich jetzt immer mit mir führe. Sie waren im Nu vergriffen, und ich hatte eine Weile zu tun, um meine Schnörkel hineinzuschreiben. Meine Hand zitterte leicht dabei. Wie schön war das Zusammensein mit der Lesergemeinde, aber wie selten waren solche Höhepunkte in meinem jetzigen Leben. Viele DDR-Autoren, die angeblich die Existenz des »Unrechtsstaates« hatten verlängern helfen, werden in der Marktwirtschaft von den Buchhändlern boykottiert. Auch die Bibliothekare kaufen nur ein, was ihnen von ihrem vorgesetzten Amt empfohlen wird. Es gäbe da ganz strenge Maßstäbe, haben sie mir erzählt. Ist das keine Zensur?

Bisher hatte man uns mit Autobussen zu den Veranstaltungsorten gefahren. Doch das letzte Ministerium, das auf dem Programm stand, lag so nahe, daß man meinte, wir könnten es auch zu Fuß erreichen. Für alle anderen kein Problem. Ich aber scheute schon die wenigen Meter. Meine Fußsohlen brannten, und die aufgequollenen Waden schienen das harte Schuhleder sprengen zu wollen. Zudem war das Thermometer gestiegen, ich schätzte die Hitze jetzt weit über dreißig Grad. Ich mußte also passen. Für den frühen Abend war eine Dampferfahrt auf dem Rhein geplant. Ich beschloß daher, die Zeit bis dahin am Ufer zu bleiben; ein paar Bänke im Schatten würden sich finden lassen. Vorher schleppte ich mich in den nahen Laden, der auch Zeitungen führte; wie aus Trotz fragte ich nach dem »Neuen Deutschland«. Die Frau an der Kasse blickte verständnislos. »Führen wir nicht«, sagte sie kurz, und nach nochmaligem Überlegen, kopfschüttelnd: »Noch nie gehört.« Aber ein junges Ding, wahrscheinlich die Auszubildende, kam mir schon mit dem Blatt entgegengelaufen. »Hier ist es doch!« sagte sie triumphierend, mit einem leicht vorwurfsvollen Blick auf die Vorgesetzte, die gerade das Geld von mir einstrich. Und als glaubte die nun doch, sich verteidigen zu müssen, fügte sie schnippisch hinzu: »Wird ja hier selten verlangt ...« Ich aber zog los mit meiner vertrauten Zeitung, wie mit einer Siegestrophäe.

Eine freie Bank war nirgends zu entdecken. Schließlich setzte ich mich zu einem einzelnen Herrn, der so in ein Buch vertieft schien, daß ich kaum fürchten mußte, durch ihn in meiner Lektüre gestört zu werden. Eine Weile konnte ich mich ungehindert meiner Zeitung widmen, diesem hier ungeliebten und geschmähten Blatt, das ich wie eine Herausforderung den Müßiggängern, die an uns vorüberschlenderten, entgegenhielt. Plötzlich sprach mich mein Nachbar an. »Ich sehe, Sie lesen das ›Neue Deutschland‹, sagte er höflich, »darf ich daraus schließen, daß Sie von drüben kommen?« Er verbesserte sich schleunigst: »Aus der bisherigen DDR?« – »Ja, das dürfen Sie«, antwortete ich froh. Er rückte ein wenig näher. »Können wir miteinander plaudern?« – Ich war nur allzu gern bereit dazu. Menschen, die sich für unser Leben in der DDR interessieren, sind mir sofort sympathisch. Doch es stellte sich bald heraus, daß er so unerfahren nicht war. Er war ein Professor aus England, hatte bereits mehrere Bücher veröffentlicht, etliche sogar über unser verlorenes Land. Auch jetzt sei er dabei, Material zu sammeln. Ein Interview mit Hans Modrow stehe an, aber der sei noch in einer wichtigen Sitzung und erst später zu sprechen. Nun begrüße er es, sich mit mir die Wartezeit verkürzen zu können. Welch ein glücklicher Zufall! Auch ich war froh, mit einem Kenner der DDR zusammenzusitzen. Schon entdeckten wir gemeinsame Bekannte: Stefan Heym natürlich, aber er hatte auch John Peet gekannt, der als Korrespondent des »Daily Worker« viele Jahre in Berlin gelebt hatte; erst kürzlich war er verstorben. Ich hatte seiner Beerdigung beigewohnt; sein Grab befindet sich auf dem Friedhof, wo auch Fontane ruht. Mein Nachbar ließ längst sein Tonband laufen. Ihn interessierte alles – mein Leben unter Hitler und in der DDR. Und wie ich mit den veränderten Verhältnissen zurechtkäme, wollte er wissen. Ich erzählte ihm meine ganze Autobiographie, schickte ihm später auch mein Buch, das er, wie er mir zurückschrieb, »mit größtem Interesse gelesen« hätte. Er wolle versuchen, einen englischen Verlag dafür zu interessieren, versprach er mir. Daraus ist leider noch nichts geworden. Aber der Professor wird mir immer in lieber Erinnerung sein. »Salut, lieber Professor David Childs aus Nottingham – England!« möchte ich ihm zurufen. »Die Begegnung mit Ihnen war für mich ein Höhepunkt inmitten einer Umgebung, die sonst so fremd für mich war, so eiseskalt – trotz der Sommerhitze. Ob wir uns vielleicht einmal wiedersehen? Es muß ja nicht wieder in Bonn sein.«

1994

In memoriam: Dario

Ich kann keine Aufregungen mehr vertragen. Sowie ich in Ängsten bin, fängt mein Herz an zu klopfen, und mein Puls fliegt. Und eine ständige Quelle der Angst ist für mich, wenn ich meine Familie auf der Hin- oder Rückfahrt von Italien weiß. Ganz schlimm war es diesmal zu Neujahr. Es war nicht das erste Mal, daß wir das Jahresende getrennt verlebten. Aber immer hatte eine von beiden, Tochter oder Enkelin, nach Mitternacht bei mir angerufen und mir ein frohes neues Jahr gewünscht. Diesmal wartete ich vergeblich auf den ersehnten Anruf. Wahrscheinlich sind sie nicht durchgekommen, tröstete ich mich zunächst. Aber als auch am Neujahrstag mein Telefon stumm blieb, wurde ich unruhig. Da mußte doch etwas passiert sein! Zu allem Unglück hatte ich keine Ahnung, wo ich etwa hätte anrufen können, um Genaueres zu erfahren. In der Ölmühle gibt es kein Telefon. Überdies glaubte ich mich zu erinnern, daß sie an einem dieser Tage hatten abreisen wollen. Waren sie schon auf dem Rückweg? Dann hätten sie erst recht telefonieren können; in jeder Raststätte gab es dazu die Gelegenheit. Schon malte mir meine Phantasie die schlimmsten Katastrophen aus: Vielleicht hatten sie bei der Fahrt über die Alpen und noch dazu bei Glatteis einen Unfall gehabt? Ich rief einen Bekannten an, dessen Freundin Italienisch ver-

51

stand. Könnte sie nicht in der benachbarten Kneipe der Ölmühle anrufen? Dort wußte man vielleicht Näheres. Nach
qualvollem Warten erhielt ich endlich Bescheid: Die deutsche Gruppe, habe man ihr gesagt, sei bereits abgereist,
schon am frühen Morgen. Eine Nachricht, die mich erneut
in Panik versetzte. In solchen Momenten sehnt man sich
nach einer Beruhigungspille. Aber ich hatte keine im Hause; ich hasse es, Tabletten zu nehmen. Selbst eine Schlafta-
blette habe ich nur ein einziges Mal in meinem Leben zu
mir genommen: in der Nacht, als die Klinik in Buch mir die
Nachricht durchgab, daß mein Vater verstorben war ... In
der Nacht konnte ich nicht mehr zu ihm, um ihn noch einmal zu sehen. Aber am nächsten Morgen wollte ich frisch
sein, um den Anforderungen des Tages gewachsen zu sein.
Da griff ich zur Tablette.

Meine Angehörigen trafen natürlich heil und ausgeruht
wieder in Berlin ein. Sie verstanden gar nicht, warum ich
mich aufgeregt hatte. Sie hätten sich melden sollen? Aber
es ergab sich dazu keine Gelegenheit. Zu Silvester in der
Ölmühle – aber das wüßte ich ja. Und unterwegs gab es nur
Apparate, die mit Telefonkarten zu betätigen waren. Und
Telefonkarten konnten sie nicht kaufen, weil sämtliche
Geschäfte in den Ortschaften geschlossen waren. Schließlich war es Neujahr, ein Feiertag.

Ich will meine Unruhe bekämpfen, aber es gelingt mir
nicht. Letzte Nacht habe ich wiederum kaum schlafen können: Tochter und Enkelin waren auf dem Rückweg von
Udine. »Leg dich ruhig schlafen, Mutter«, riet mir Juliane,
die diesmal von unterwegs noch mal anrief. »Und mach dir
keine Sorgen«, fügte sie hinzu. Leicht gesagt, dachte ich,
während ich den Hörer auf die Gabel legte. Ich wußte, daß
ich nicht einschlafen würde, daß ich wiederum angstvoll
auf jedes Geräusch von draußen würde lauschen müssen.
Fuhr unten ein Auto vor? War der Fahrstuhl zu hören? Ich
weiß, daß meine Angst übertrieben ist. Bisher sind sie immer gut angekommen; sie sind erfahrene Autofahrerinnen.

Dennoch kann ich erst ruhig sein, wenn sie endlich wieder wohlbehalten zurück sind. Ist meine unsinnige Angst eine Alterserscheinung? Oder eher eine Charakterschwäche? – Ich hatte immer Angst. Zunächst um meinen Vater, der so anfällig war und schließlich an einer verschleppten Erkältung gestorben ist. Dann um Mutter, die in meinem Haushalt lebte, und deren zunehmende Hinfälligkeit ich Tag für Tag miterlebte und miterlitt. Später gab es Ängste um die Kinder, die Enkelkinder ... Nur ein einziges Mal war ich völlig arglos, hatte ich unbekümmert jenem verhängnisvollen Schicksalstag entgegengelebt, im Sommer '89, als Dario, mein Schwiegersohn, sich in einem drittklassigen Hotel in Stuttgart aus dem Leben stahl.

Auch Juliane war arglos. Sie hatte mit ihrem Mann verabredet, daß er sie von Stuttgart abholen sollte, wo sie sich eine Woche lang zu Recherchen hatte aufhalten müssen. Auf dem Rückweg wollten sie sich Zeit lassen und gemächlich mit dem Auto durch den Schwarzwald fahren. Anschließend wollte sie nach Rostock kommen, zu dem Treffpunkt vieler Autorinnen und Autoren, die sich am Buchbasar beteiligen wollten, einer Veranstaltung der Stadt, Abteilung Kultur und ein Anziehungspunkt für die Bewohner und Urlauber der ganzen Region, die herbeiströmten, um hier Bücher zu kaufen, die anderenorts längst vergriffen waren. Die Rostocker Buchhändler hatten sie aber monatelang gehortet, um sie an diesem Tag parat zu haben.

Auch ich war nach Rostock gekommen. Mein erster Schritt führte mich ins Hotel, an die Rezeption. »Ist meine Tochter schon hier?« fragte ich die Service-Dame. Die blätterte in ihrer Namensliste. Endlich hatte sie gefunden, was sie suchte und sah wieder auf. »Leider nicht«, erwiderte sie. »Sie wird auch nicht kommen. Sie hat storniert.« – Storniert? Das konnte nur ein Irrtum sein. Doch auch die Buchhändlerin, die ich anschließend befragte, bestätigte mir, daß Juliane ihr Erscheinen im Büro wegen einer Autopanne abgesagt hätte. Näheres wußte sie nicht. »Vielleicht kommt sie noch – etwas später«, versuchte sie mich zu trösten. Das hoffte auch ich. Ich hatte mich so sehr auf die gemeinsamen Tage mit ihr in Rostock gefreut. Nun mußte ich mich allein zum Buchbasar durchfragen. Er war schon voll im Gange, und in den nächsten drei Tagen war ich damit beschäftigt, pausenlos Bücher zu signieren, ohne die Chance zu haben, auch nur für Minuten einmal auszuspannen. Kaum daß man Muße fand, mit einem der Leser einen kurzen Dialog zu führen. Und den Kollegen ringsherum ging es ebenso. An einigen Ständen bildeten sich Menschentrauben. Gegen achtzehn Uhr sollte der Basar geschlossen werden. Aber noch immer strömten Käufer und Interessenten herbei; viele benutzten offenbar die Gelegenheit, ihren Lieblingsautor oder ihre Lieblingsautorin einmal kennenzulernen. Wir schrieben, wie gesagt, Juni '89. Wer von uns konnte ahnen, daß schon ein Jahr später sämtliche Bücher, die zum großen Teil zur »Bückware« zählten, und um die die Käufer sich hier rissen, aus den Buchhandlungen entfernt und auf dem Müll landen würden?

Am dritten Tag, einem Mittwoch, hatte ich noch immer nichts von Juliane gehört. Jetzt erfuhr ich aber wie beiläufig, daß meine Tochter gar nicht selbst angerufen hatte, sondern sich durch eine andere Person hatte entschuldigen lassen. Nun wurde ich langsam unruhig. War die Autopanne am Ende doch nicht so harmlos verlaufen? War sie oder war Dario verletzt? Lag einer von ihnen im Krankenhaus? Von Rostock aus konnte ich nichts in Erfahrung bringen, es bedurfte dazu des Umwegs über Westberlin, wo eine meiner Freundinnen sich sofort bereit erklärte, die erforderlichen Auskünfte einzuholen. Diese nun lauteten äußerst beruhigend: Offenbar handelte es sich doch nur um einen harmlosen Autoschaden, den jemand im Parkhaus dem Wa-gen zugefügt hatte. Die Reparatur würde wohl mehrere Tage in Anspruch nehmen. Wieder atmete ich auf, genoß die letzten Tage in Rostock, und da das Wetter mitspielte, machte ich auf dem Rückweg einen Abstecher nach

Ahrenshoop, das mir immer von allen Ostseebädern das liebste war. Hätte ich nur mehr Eile bewiesen! So kam ich erst am Samstag zurück nach Berlin, wo mir Juliane schon auf der Treppe zu unserer Wohnung entgegenkam: aufgelöst und verzweifelt, wie ich sie noch nie gesehen hatte. Sie fiel mir weinend um den Hals. »Dario, Dario«, schluchzte sie nur.

Mir wurde heiß und gleich darauf kalt. Ich glaubte nichts anderes, als daß Dario durch einen Autounfall ums Leben gekommen war, den Juliane verursacht hatte. Wie konnte sie mit dieser Schuld weiterleben? Doch es war anders. Sie sei am Dienstagabend, erzählte sie stockend, nachdem sie zum Sprechen wieder fähig war, zum Bahnhof gegangen, um Dario abzuholen. Als er nicht mitkam, vermutete sie, daß er den Zug verpaßt hätte und mit dem Frühzug nachkäme. Gerade an diesem Morgen mußte sie aber zu Besprechungen in einen Vorort fahren. Sie hinterließ im Quartier ihre Adresse und bat die Wirtin, ihrem Mann auszurichten, daß sie gegen Mittag wieder da sein werde. Doch schon bald wurde sie telefonisch dringend zurückgerufen. Man hatte Dario gefunden. Er hatte – ohne seine Frau noch mal aufzusuchen – in einem Hotel ein Zimmer gemietet und dies für drei Tage vorausbezahlt. Eine Flasche Wein hatte er sich kommen lassen – er, der sonst niemals trank. Dann hatte er Tabletten genommen. Er hinterließ keine Nachricht, weder an seine Angehörigen in Italien, noch an seine Frau, meine lebensbejahende, muntere Tochter, die bisher, wie er oft versichert hatte, »sein Lebenselixier« gewesen war. Später fand man einen losen Zettel, der im ersten Wirrwarr wohl unter die Liege geraten war. Er habe keine Probleme, stand darauf, leide auch unter keiner unheilbaren Krankheit. Seine Tat sei lediglich das Resultat all seiner philosophischen Überlegungen. Er bitte alle, denen er mit seinem Freitod Ungelegenheiten bereite, um Verzeihung.

Armer Dario! Still hatte er sich davongeschlichen, still und unauffällig, wie er auch im Leben gewesen war. Dennoch hadere ich mit ihm, denke an ihn nicht ohne Groll. Mußte er so abtreten, auf leisen Sohlen? Sein ganzes Leben als Kommunist war doch Kampf gewesen. Er hatte in Gefängnissen gesessen, war gefoltert worden; nie hatte er vor den Schergen, die ihn verhöhnten und verfolgten, kapituliert. Jetzt aber, nach zehn Jahren DDR-Erfahrung, war er flügellahm, war sein Kampfgeist zerbrochen?

Während ich diese Zeilen schreibe, befinden sich in der Türkei Hunderte von Häftlingen im Hungerstreik, um gegen die unmenschlichen Haftbedingungen zu protestieren. Seit über sechzig Tagen verweigern sie jegliche Nahrungsaufnahme. Schon hat es Tote gegeben, und jeder Tag fordert neue Opfer. Aber die Regierung bleibt hart, droht sogar, den Hungerstreik gewaltsam beenden zu wollen. Menschen, die auf die Straße gehen und demonstrieren, werden von Polizisten niedergeknüppelt; selbst die Angehörigen der Häftlinge, die verzweifelt um Gnade bitten, verschont man nicht. Im Regierungspalast stapeln sich die Protestnoten aus aller Welt. Wissenschaftler und Schriftsteller melden sich zu Wort, beschwören die Machthabenden, endlich einzulenken. Die Zahl der Toten hat sich auf sieben erhöht.

Ein weiteres Opfer, das achte, ist zu beklagen.

Der neunte Tote.

Nun endlich, als kaum noch einer auf eine gütliche Lösung hoffte, läßt die Regierung verkünden, daß sie einige Forderungen der Streikenden erfüllen wird. Elf Tote gibt es inzwischen, darunter ein Mädchen, das nur knapp über zwanzig war. Und viele der übrigen Häftlinge, die in Krankenhäuser gebracht wurden, schweben in Lebensgefahr. Die aber, die eines Tages in ihre Zellen zurückkehren, werden dort bessere Bedingungen vorfinden als zuvor.

Warum hat sich Dario so kampflos aus dem Leben gestohlen? Fünf Monate nach seinem Freitod hätte er sich dem Protestmarsch der Hunderttausende anschließen können, die, enttäuscht wie er von dem real existierenden, aber zur Farce entarteten Sozialismus, mit dem stolzen Ruf »Wir sind das Volk!« auf die Straße gingen.

Doch er zog es vor, aus seiner tiefen Verzweiflung die Konsequenz zu ziehen, die allein ihm noch sinnvoll schien.

1994

Gedenktage, Gedenktage ...

Das Jahr '95 war mit Gedenktagen gespickt: fünfzig Jahre seit Kriegsende, fünfzig Jahre Befreiung der KZ Sachsenhausen und Ravensbrück. Der 8. Mai hatte seine Schatten schon lange vorausgeworfen. Bereits im November hatte ein Mitarbeiter vom Fernsehen bei mir angefragt, ob er mal ein Gespräch mit mir führen dürfe? Zu meiner Überraschung überrumpelte er mich gleich mit der Anwesenheit von drei Mitarbeitern und mit jeder Art von Apparaturen, wahren Ungetümen zum Teil, die mit ihrem Geschlingel von Schnüren und Kabeln meine Wohnung bald in ein gefährliches Stolperfeld verwandelten. Zum Glück war das Wetter erträglich, so daß man es wagen konnte, die Kamera auf dem Balkon zu postieren. Lässig an die Brüstung gelehnt, im Hintergrund den Spree-Arm und die Gertraudenbrücke mit der Autokarawane, deren Geräusche ich stimmlich übertönen mußte, erzählte ich nun etwa eine Stunde lang in die Kamera hinein meinen Lebenslauf, schilderte meine Erlebnisse während des Krieges und meine Gefühle am 8. Mai. Bedeutete die Kapitulation für mich eine Niederlage, oder fühlte ich mich befreit? Das war die Kernfrage, um die es ging und um die in den Medien noch lange gestritten wurde. Was für eine Frage für mich! Natürlich hatte der 8. Mai 1945 für alle Antifaschisten, also auch für mich, die Be-

58

freiung bedeutet. Wer es anders erlebt hatte, das waren für uns Antifaschisten die Hitlergläubigen, die ewigen Nazis, die bis zuletzt an die Wunderwaffe geglaubt hatten und an den schließlichen Endsieg. Wir Antifaschisten begrüßten es, daß das sinnlose Sterben endlich aufgehört hatte, daß man darangehen konnte, einen Staat zu bauen, wie er uns jungen Sozialisten schon in den dreißiger Jahren als Idealbild vorgeschwebt hatte: einen Staat, in dem es Arbeit und Meinungsfreiheit für alle geben würde und Bildung für jeden, der befähigt war. Daß die aus dem Exil zurückgekehrten Emigranten, vor allem die aus der Sowjetunion, uns den Stalinismus mitgebracht hatten, wußten wir damals nicht. Es bedurfte erst vieler bitterer Erfahrungen, um dies zu erkennen.

Eine volle Stunde hatte die Aufnahme in Anspruch genommen. Für eine Lesung dieser Dauer hätte ich ein angemessenes Honorar erhalten. Hier legte mir einer der Männer zum Abschied einen Hunderter hin, als Beitrag für die Stromentnahme, erklärte er. Der Schein ging am nächsten Tag an meine Putzfrau über, die viele Stunden brauchte, um meine Wohnung in die gewohnte Ordnung zurückzuversetzen. Hatte sich der Aufwand gelohnt?

Um dies zu erfahren, mußte ich noch lange warten, bis zur Ankündigung des fertigen Films, in dem der Regisseur die Zeitspanne von der Kapitulation bis zur Potsdamer Konferenz im August '45 mit Hilfe von Zeitzeugen zu schildern versuchte. Auf mich wirkte der Film wie ein Schock. Erst jetzt wurde mir klar, wozu ich benutzt worden war. Mein einstündiger Beitrag war auf vier Minuten – ich habe die Zeit gestoppt – gekürzt. Ich war zusammengeschmiedet mit weiteren Zeitzeugen, die alle die Kapitulation als Niederlage erlebt hatten, als eine deutsche Tragödie, die schwer zu verkraften war. Sicher, der verlorene Krieg war eine entsetzliche Erblast, an der wir alle zu tragen hatten. Aber warum war in dem Film nirgends von dem Wiederaufbau die Rede, den vornehmlich die Antifaschisten und die soeben in die Freiheit entlassenen KZler in Angriff nahmen und der von der sowjetischen Besatzungsmacht unterstützt worden ist? Und warum hob man nicht das verständnisvolle Verhalten der sowjetischen Besatzer den Kulturschaffenden gegenüber anerkennend hervor? Im sowjetischen Sektor wurden früher als in den übrigen Sektoren die Schulen wieder geöffnet, und im Theater konnte man bald wieder »Nathan der Weise« sehen. Das alles hat man vergessen?

Am Jahrestag der Befreiung von Ravensbrück fuhren wir nach Fürstenberg. Die ganze Strecke über durften wir nur fünfzig fahren, teilweise sogar nur im Schrittempo, und alle paar Meter waren Polizisten postiert. Warum? Fürchtete man einen Anschlag der Rechtsradikalen? Wir führten Fahnen mit, erlebten aber eine Enttäuschung, da man uns an der Eingangskontrolle mit stummer Gebärde gebot, die Fahne am Straßenrand abzulegen, wo sich schon ein ansehnlicher Berg von Transparenten und anderen Symbolen aufgetürmt hatte. Was sollte das? Jetzt erst sahen wir uns den Zettel, den man uns in die Hand gedrückt hatte, genauer an. »Liebe Besucherin, lieber Besucher«, hieß es da höflich. »Um die Würde dieser Gedenkveranstaltung zu wahren und auch den ehemaligen Häftlingen Gelegenheit zum Erinnern und Gedenken zu geben, bitten wir Sie herzlich, auf die Mitführung von Fahnen und Transparenten zu verzichten.« Punkt, Unterschrift: Die Veranstaltungsleitung. –
Mir blieb ein Lachen, das mich anfiel, in der Kehle stecken. Hätten die ehemaligen Häftlingsfrauen aus Ravensbrück, die heute, nach fünfzig Jahren, noch einmal an den früheren Schreckensort zurückgekehrt waren, sich wirklich nicht mehr an die Zeit ihres Leidens erinnern können, wenn über ihren Köpfen rote Fahnen geschwenkt worden wären? Oder wenn sie auf Transparenten Losungen läsen, mit denen heutige Demonstranten ihnen ihre Kampfesgrüße entboten hätten? Nein, der Zweck dieser Anordnung war zu durchsichtig. Durch nichts sollte daran erinnert werden, daß

hier im Konzentrationslager auch Kommunistinnen gelitten hatten, Frauen wie Olga Benario, Änne Saefkow und viele andere, an die sich Gleichgesinnte heute erinnern wollten. Doch von ihnen sprach niemand. Auch in den vielen Reden, die anschließend gehalten wurden, unter anderem von Manfred Stolpe und Rita Süssmuth, wurden politische Kämpferinnen ausgegrenzt, dagegen erwähnte man alle anderen, die Opfer geworden waren, so die Jüdinnen, Bibelforscherinnen, Sinti- und Romafrauen oder Angehörige der Zeugen Jehovas, also Verfolgte aus rassischen oder Glaubensgründen.

Es war drückend heiß an diesem Tag Ende April, der den Jahrhundertsommer einläutete. Viele unter den älteren Teilnehmern an der Veranstaltung, Männer wie Frauen, stöhnten unter der Hitze und machten sich, nach einem gemeinsam gesprochenen Gebet, schon auf den Weg zum Ausgang. Ich folgte den Häftlingsfrauen, die langsam zu der eigentlichen Gedenkstätte gingen, um dort ihre Blumen und Kränze niederzulegen. Der Weg dorthin führte vorbei an den Fundamenten des ehemaligen Häftlingsbades. Hier hatte man den Frauen damals ihre persönlichen Habseligkeiten abgenommen, die eigene Kleidung mit der Häftlingsuniform vertauscht und ihnen das Haar geschoren. Beklommen gehe ich hinter Friedl Malter her, die die Hölle von Ravensbrück bis zuletzt hat erleiden müssen. Welche Gedanken mögen die Neunzigjährige heute erfüllen? Wir begegnen einander hier nicht zum ersten Mal. Jahr für Jahr sind wir im April nach Ravensbrück gekommen, weil es uns ein Bedürfnis war, denen, die die Befreiung nicht mehr erlebt haben, ein paar Blumen zu bringen. Verordneter Antifaschismus? Die Frauen von Ravensbrück, hatte die Bundestagspräsidentin vorhin gesagt, seien bisher fast vergessen worden. Nein, zu DDR-Zeiten war das Gedächtnis an sie immer lebendig, die Gedenkstätten wurden gepflegt, nicht geschändet, und nie hätte es damals geschehen können, daß das Gelände, das noch getränkt ist vom Blut der

Gemordeten, bereits umgepflügt wurde, um vom Betreiber eines Supermarktes vereinnahmt zu werden – eine Schande, die nur durch den lauten Protest von Antifaschisten, die aus allen Richtungen kamen, um zu demonstrieren, in letzter Minute verhindert wurde.

Vor der Stele mit der Skulptur, die eine Häftlingsfrau zeigt, die in ihrem sichtbaren Elend eine Kranke stützt, die noch elender ist, haben sich jetzt die Jüdinnen versammelt. Viele sind, nach anfänglichem Zögern, aus Israel angereist und lauschen jetzt dem Kantor, der das Kaddisch spricht. Französinnen werfen, getreu ihrer Tradition, Blumen in den See, die eine Zeitlang auf den Wellen schaukeln, bis sie auf den Grund sinken, wo sie nun neben der Asche der vielen Toten ruhen. Friedl und ich müssen daran denken, wie die Französinnen einmal, zum dreißigsten Jahrestag der Befreiung, dreißig Rosensträucher aus ihrer Heimat mitgebracht und hier eingepflanzt hatten. Die Sträucher sind längst verwelkt. An der »Mauer der Nationen« sehen wir jetzt, wie zwei Frauen, wir wissen nicht, ob es Tschechinnen oder Slowakinnen sind, ihre Blumenkörbe niederlegen an einer Stelle, die noch mit »Tschechoslowakei« überschrieben ist – dem Namen eines Landes, das es so nicht mehr gibt. – Friedl Malter zupft mich am Ärmel: »Komm, wir gehen ...« Auch ich bin es müde, hier länger zu verweilen an einem Ort, der uns heute merkwürdig fremd erscheint.

Alles war anders an diesem Gedenktag als in früheren Jahren – und nicht nur, weil man uns am Eingang die Fahnen abgenommen hatte.

1995

MÜTTER UND TÖCHTER

Altsein ist in den Augen jüngerer Menschen wie eine unheilbare Krankheit. Als ich noch jünger war, etwa um die siebzig, ärgerte ich mich oft, wenn ein wohlerzogener Mann oder ein junges Mädchen im Bus oder in der U-Bahn aufstanden und mir ihren Platz anboten. Statt mich zu bedanken, hatte ich Mühe, meinen Unmut zu verbergen. Sah ich denn schon so zerbrechlich aus? Ich stand doch noch fest auf den Beinen, war weniger müde als viele der Jüngeren, die vielleicht einen anstrengenden Arbeitstag hinter sich hatten. Aber den Platz abzulehnen, wäre unhöflich gewesen. Also setzte ich mich.

Seit ich am Stock gehe, fällt die Reaktion der Umwelt auf meine Erscheinung noch fataler aus. Manch einer scheint zu denken, daß nicht nur meine Beine lädiert sind, sondern daß auch mein Gehirn gelitten hat. Immer wieder erlebe ich, daß jemand, den ich um eine Auskunft bitte, sich sofort meiner jüngeren Begleitung zuwendet und ihr höflich Bescheid gibt, während er mich als die eigentlich Antwortheischende übersieht. Meint er, es lohne sich nicht, mir zu antworten, da ich ihn doch nicht verstehe? Vielleicht habe ich schon Alzheimer, im fortgeschrittenen Stadium, ich gehe ja am Stock! Von der Alzheimerkrankheit betroffen zu sein, dessen wird man im Alter sehr rasch verdächtigt. Mir fällt ein Name nicht ein, der Name einer Frau, der ich bei einer

Demo begegnet bin. Ich zermartere mir den Kopf – vergeblich. Schließlich rufe ich meine Tochter an: Sie wird sich erinnern, sie war auch dabei. Doch sie weiß es nicht mehr. »Keine Ahnung«, sagt sie unbefangen, »der Name ist mir entfallen.« Sie kann es sich leisten, unbefangen zu antworten. Sie weiß, daß niemand sie, die um dreißig Jahre Jüngere, verdächtigen wird, schon senil zu sein. Senilität ist ein Vorrecht der Alten. Die Alten verkramen ihre Schlüssel, vergessen das Gas abzudrehen, verlieren die Geldbörse. Den Jüngeren passiert das zwar auch, aber bei ihnen ist es Schusseligkeit, liebenswerte Zerfahrenheit, die man nachsichtig belächelt.

Dennoch: Die Gefahr besteht, daß meine grauen Zellen schrumpfen, und ich will nicht verblöden. Darum zwinge ich mich, mein Gehirn zu trainieren, indem ich mir lange Zurückliegendes wieder ins Gedächtnis rufe. Nein, nicht »lange Zurückliegendes«, denn an Kindheit und frühe Jugendjahre erinnern sich alte Menschen bekanntlich gut. Aber wie weit sind mir noch Geschehnisse gewärtig, die sich vor ein oder zwei Jahren abgespielt haben? Wiesbaden fällt mir ein. August '94. Das Jugendamt der hessischen Landeshauptstadt veranstaltet alljährlich zum Sommerausklang ein Folklorefest in dem weitläufigen Schloßparkgelände Wiesbaden-Freudenberg. Neben zahlreichen Verkaufsbuden, Turn- und Sportdarbietungen unter freiem Himmel, Karussells und Kegelbahnen gibt es auch ein Literaturzelt für Lesungen und Gesprächsrunden. Diesmal hatte man zum Diskussionsgegenstand das Thema »Mütter und Töchter« gewählt. Dagmar, die mich von einer Lesereise her kannte, sollte das Gespräch leiten. Sie hatte uns auch eingeladen, also mich samt Tochter und Enkelin. Wahrscheinlich versprach sie sich von der Mitwirkung dreier Ostdeutscher – damals galten wir für Westler noch als halbe Exoten – einen besonderen Höhepunkt; Leckerbissen für ihre jungen Zuhörerinnen, die sämtlich kaum der Schule entwachsen waren. Der Zustrom der Jugendlichen war erstaunlich groß, dennoch stand die Veranstaltung unter keinem guten Stern. Ein böiger Wind, der sich plötzlich erhob, zerrte an den Zeltbahnen, riß sogar einen der Heringe aus der Verankerung und mußte wieder festgerammt werden. Als das Zelt endlich stand, versagte das Mikrophon, und um den Schaden zu beheben, wirbelten die Techniker hin und her, schleppten Kabel und rissen Drähte wieder heraus, bis sie meinten, den Fehler korrigiert zu haben und das intakte Mikrophon an Dagmar übergaben, die sofort die Gelegenheit ergriff, die schon unruhig werdenden Gäste zu begrüßen und die Mitwirkenden vorzustellen.

Außer uns Dreien gab es noch eine weitere Mutter mit ihrer Tochter und zwei Psychologinnen, die das Thema wissenschaftlich untermauern sollten.

Dagmar hatte sich eine etwas langatmige Einleitung zurechtgelegt und wandte sich jetzt mit einem aufmunternden Lächeln mir als der Ältesten zu, senkte das Mikrophon meinem Mund entgegen, um eine möglichst schlagfertige Antwort auf ihre erste provozierende Frage nach unserem Mutter-Tochter-Verhältnis aus ihm hervorzulocken – doch zu dieser Antwort kam es nicht mehr, weil plötzlich ein lauter Knall ertönte; gleichzeitig gingen im Raum alle Lichter aus. Kurzschluß! Und natürlich war auch das Mikrophon in Dagmars Hand nur noch ein totes Ding. Eine Weile saßen wir reglos, wie erstarrt, bis sich die ersten, offenbar noch unschlüssig, schon von ihren Plätzen erhoben. Inzwischen aber hatte sich Dagmar von ihrem Schrecken erholt. Mit erhobener Stimme, um auch weit hinten verstanden zu werden, sagte sie etwa folgendes: »Es gibt, liebe Freundinnen, zwei Möglichkeiten. Wir können jetzt resignieren, die Veranstaltung abbrechen und nach Hause gehen. Wir können aber auch bleiben, uns in das Unabänderliche fügen und dichter zusammenrücken, um das Gespräch zu beginnen.« So geschah es dann auch, und im Laufe des Abends entspann sich die freimütigste, von keiner Hemmung blockierte Diskussion junger Menschen, die ich je erlebt habe.

Man brachte Kerzen herein und schob die Stühle zu einem Halbkreis zusammen. Wo die Stühle in der Enge keinen Platz mehr fanden, ließen sich die jungen Frauen und Mädchen einfach auf dem Boden nieder, und alle schienen von dem gleichen Wunsch beseelt: herauszutreten aus ihrer bisherigen Isolation, sich mitzuteilen, offen und schonungslos über alle Probleme zu reden, die sich in ihrer Beziehung zur Mutter in der schwierigen Phase des Abnabelns, des Erwachsenwerdens ergeben und die, wie sich herausstellte, in vielen Fällen doch ganz ähnliche waren.

Auch unter uns »im Podium« wurde offen geredet. Von Dagmar befragt, ob ich mich an das erste Zerwürfnis mit meiner Tochter erinnere, fiel mir sofort ihr 16. Geburtstag ein. Wir hatten am Vorabend dieses Tages, zu dem sie Freundinnen geladen hatte, eine Auseinandersetzung. Juliane war später als vereinbart nach Hause gekommen – ein Vergehen, über das ich großmütig hätte hinwegsehen können, wäre sie nur bei der Wahrheit geblieben. Aber sie begründete ihr Ausbleiben mit einer Lüge, auf der sie eigensinnig beharrte, obgleich ich ihr den wahren Grund ihrer Verspätung – das Zusammensein mit ihrem Freund – klipp und klar nachweisen konnte. In meiner Enttäuschung über ihr Verhalten rief ich ihr zu, daß sie alle Freundinnen wieder ausladen müsse; ich hätte keine Lust, einer Lügnerin den Geburtstag festlich auszurichten. An nächsten Morgen war meine Tochter verschwunden. Auf einem Zettel hatte sie mir kurz mitgeteilt, daß sie zu ihrem Vater ginge – zu meinem geschiedenen Mann, der in Westberlin lebte, und mit dem ich seit Jahren in keiner Verbindung stand. Wir schrieben 1958, die Mauer stand noch nicht, aber es herrschte der Kalte Krieg. Westberlin war in der Lesart unserer Propaganda ein Sündenpfuhl, in dem Drogenhandel, Kriminalität und Prostitution zum Alltag gehörten. Und diese Gefahren sollten nun auch meiner Tochter drohen? Ich war schockiert, aufs höchste beunruhigt. Doch alles löste sich zur allgemeinen Zufriedenheit. Meine Tochter kehrte noch am selben Tag zu mir zurück – der Empfang in ihrem Vaterhaus, mit einer neuen »Stiefmutter«, war äußerst kühl verlaufen –, und natürlich feierten wir nun doch noch den Geburtstag, mit sämtlichen Freundinnen, wie geplant.

Auch Juliane konnte über Probleme mit ihrer Tochter berichten. Wann rät man einer Heranwachsenden, die Pille zu nehmen? Jasmina, meine Enkelin, hatte ihrer Mutter schon lange mit ihrem Wunsch danach in den Ohren gelegen. Aber Juliane hatte gezögert – sie war doch noch so jung, nicht einmal sechzehn. Allerdings hatte sie viel Umgang mit Lateinamerikanern. Ihre Schulklasse hatte die Patenschaft über einige junge Kämpfer aus Nicaragua übernommen, deren Verwundungen in den hiesigen Krankenhäusern geheilt werden sollten. Für die jungen Mädchen waren diese Jungen wahre Helden, denen sie bedenkenlos ihre Unschuld geopfert hätten, und Lateinamerikaner waren, wie Juliane wohl wußte, keine Kostverächter. Sie hatte also allen Grund zur Sorge, konnte sich aber immer noch nicht zu einem Entschluß durchringen – bis Jasmina ihr die Entscheidung abnahm, indem sie die erste Abwesenheit ihrer Mutter, die zu einem Dolmetschereinsatz ins Ausland flog, dazu benutzte, sich selber von der Ärztin die Pille zu holen. Wir waren schockiert, als wir davon erfuhren: Hatte sie doch schon einen der Kämpfer erhört? Einer der Jungen, das wußten wir, wurde von den Mädchen besonders verehrt. Er hatte im Kampf beide Beine verloren. Jede hätte sich gern für ihn aufgeopfert, wäre ihm in seine Heimat gefolgt, um ihn dort zu pflegen. Doch eines Tages kam durchs Radio die Nachricht, daß der Nicaraguaner, mit zwei Prothesen versehen, glücklich in Managua gelandet sei, wo er von seiner Frau und den zwei Kindern schon sehnlichst erwartet wurde. Eine schwere Enttäuschung für seine deutschen Verehrerinnen, die keine Ahnung gehabt hatten, daß ihr Idol schon in festen Händen und sogar Vater war!

Was Jasmina an jenem Abend zu der Veranstaltung beitrug, weiß ich nicht mehr. Aber sie wohnt ja in meiner Nachbarschaft; ich frage sie. Sie blickt mich verständnislos an: »Wiesbaden? Das ist ja schon eine Ewigkeit her! Das soll ich heute noch wissen?« – Nun, wenn sie es nicht weiß, die Junge, brauche ich Alte mir erst recht nicht den Kopf zu zerbrechen. Ein anderes Erlebnis ist mir dagegen noch deutlich gewärtig. Die Veranstaltung zog sich noch lange hin, fast bis Mitternacht. Als wir endlich auseinandergingen, schob sich ein Jüngling – einer der wenigen männlichen Besucher – schüchtern an mich heran: ob ich ihm noch etwas Zeit widmen könne? Er sei Student, erzählte er, nachdem wir uns in einen stillen Winkel hatten zurückziehen können. Er habe gehört, daß ich Zeitzeugin sei, und darum allein, um mich zu sprechen, habe er an der Veranstaltung teilgenommen. Ihn interessiere lebhaft die Vergangenheit: die Weimarer Republik, der Faschismus, die DDR. In der Schule hätten sie wenig darüber erfahren, sagte er, und auch seine Eltern und Großeltern seien merkwürdig schweigsam, wenn er sie nach früher befrage. Er habe jedoch niemals begriffen, wie ein Volk, das einen Goethe und einen Beethoven hervorgebracht hatte, auf einen Hitler habe hereinfallen können. Ob ich dafür eine Erklärung hätte, die ihm weiterhülfe?

Wir saßen noch Stunden beisammen. Der Morgen graute bereits, als wir uns endlich trennten. Ich war aufgewühlt von dem Gespräch, freudig erregt, viel zu munter, um schlafen zu können. Was für ein Glücksfall, dachte ich, solchen jungen Menschen zu treffen! Einen, der sich nicht mit Phrasen und Halbwahrheiten zufriedengab, der nach Ursprüngen fragte, den Hintergrund aufhellen wollte. Die Zeitungen sind heutzutage voll von Berichten über jugendliche Gewalttäter, die friedliche Urlauber überfallen, Asylbewerberheime anzünden und Vietnamesen zusammenschlagen. Aber gibt es nur die eine Seite, die negative? Der junge Student aus Wiesbaden hat mich wieder hoffen gelehrt, daß es auch andere gibt, und ich glaube, sie sind sogar in der Überzahl. Doch ihnen begegnet man nicht auf dem Fernsehschirm.

1994

Ein Vetter aus Dingsda

Wieder habe ich längere Zeit nichts aufgeschrieben. Eine Reise hat mich abgelenkt, eine Reise in die alten Bundesländer zu meinem Vetter Berthold. Dieser Vetter war mir nach der Wende gleichsam vom Himmel gefallen. Eines Tages läutete es an meiner Wohnungstür. Draußen stand ein Unbekannter, der sogleich, ohne auf meine Zurückhaltung zu achten, einen Schritt über die Schwelle tat. »Ich sehe, du erkennst mich nicht mehr«, stellte er fest. »Na ja, wir haben uns da letzte Mal vor dreißig Jahren gesehen. Meine Mutter war die Schwester deines Vaters. Weißt du jetzt Bescheid?« – Ja, langsam dämmerte es mir. Vaters jüngste Schwester Klara war nach dem Tod ihres Mannes zu ihrem Sohn nach Westdeutschland übergesiedelt: Dort war sie vor ein paar Jahren gestorben. Der hier vor mir stand, mußte also Berthold sein, ihr Ältester, ein Journalist. Jetzt war er offensichtlich im Rentenalter. Was mochte ihn heute hergeführt haben? Hatte er plötzlich, nach der Wende, Sehnsucht nach seiner ostdeutschen Cousine bekommen?

Nein, er war natürlich in Geschäften hier. Sein Vater hatte in den zwanziger Jahren südlich von Berlin ein bescheidenes Einfamilienhaus bauen können, nachdem er der Versicherung nach einem Unfall einen größeren Geldbetrag abgetrotzt hatte. Um dieses »Erbe« hatte es in den folgenden Jahren unter den Familienmitgliedern ein ewiges

Gerangel gegeben. Sowie eines der drei Kinder nicht spurte, wurde es von den Eltern »enterbt«, bis schließlich Berthold als Sieger aus den Kämpfen hervorging. Er hatte inzwischen, wie er erzählte, seine Geschwister ausbezahlt und war nun Alleinerbe der Laube samt Grundstück, die plötzlich zu einer wertvollen Immobilie emporgeschnellt war. Doch leider könnte er sich noch nicht ungetrübt seines Besitzes freuen, klagte er, da das Haus zur Zeit bewohnt sei, noch dazu von Asozialen, die nicht einmal die lächerlich geringe Miete zahlten, und die Haus und Grundstück verkommen ließen. »Die Bande muß raus!« rief er. »Wenn es nicht anders geht, muß ich klagen.« Ob ich ihm vielleicht einen cleveren Ost-Anwalt empfehlen könnte?

Nein, das konnte ich nicht. Einmal, weil ich mit dieser Rückgabe von Häusern an Alteigentümer, die sich oft vierzig Jahre lang nicht um ihre Habe kümmern konnten, nichts zu tun haben wollte; aber auch, weil ich keinen Rechtsanwalt kannte. Seit meiner Ehescheidung im Jahr '48 hatte ich keinen Rechtsbeistand in Anspruch genommen, und so wie mir ging es vielen. Rechtsanwälte in der DDR, wenn sie nicht gerade Dr. Vogel hießen, waren wenig gefragt. Berthold schien mir nicht zu glauben. »Wieso – seid ihr denn nie vors Gericht gegangen?« fragte er. »Nicht in Steuersachen? Wegen Eigentumsfragen? Wegen Querelen mit dem Arbeitgeber? Aber das gibt's doch gar nicht.« – »Doch, das gab's«, erwiderte ich. Aber daß es jetzt anders war, nach der Wende, das wußte auch ich, und darum hatte ich schleunigst eine Rechtsschutzversicherung abgeschlossen, denn schon drohten mir Meinungsverschiedenheiten mit Verlagen, die sich nicht an früher abgeschlossene Verträge hielten; mit dem Vermieter, der den Preis für die Wohnung unbotmäßig in die Höhe schraubte; mit einem Versandhaus, das mir den fest zugesagten Gewinn für eine Rätsellösung nicht auszahlen wollte. »Ja, wir passen uns an«, sagte ich ironisch. »Bald werden wir im Osten die gleichen paradiesischen Verhältnisse haben, wie sie bei euch im Westen seit langem herrschen.«

Berthold nahm es als Kompliment. »Ja, zum Glück«, bestätigte er. Aber er haßt es, von Ost und West zu reden, von Ossis und Wessis. »Wir sind doch alle Deutsche«, ist einer seiner Lieblingsaussprüche. Und: »Auch wir haben nach '45 mit nichts angefangen.« Aber ihr habt die Care-Pakete in Empfang genommen, denke ich bei mir, während bei uns die Fabriken demontiert wurden, weil wir – und nur wir! – die Reparationen an die Sowjetunion bezahlen mußten. Doch es lohnt sich nicht, mit ihm zu rechten. Er hat dreißig Jahre oder mehr ein CDU-Blatt redigiert, und ich werde seine einbetonierte Meinung nicht erschüttern können, zumal wir die Verlierer sind. Der Sozialismus hat versagt, und nun haben wir gefälligst von den Kapitalisten zu lernen, wie man es besser macht. Gerade setzt er mir auseinander, wie er verfahren wird. Er hat schon die Fühler ausgestreckt und Angebote von Immobilienhändlern eingeholt. Zweihunderttausend hat man ihm für sein Haus geboten, aber er denkt nicht daran, es »unter Preis zu verschleudern«. Vierhunderttausend verlangt er und keinen Deut weniger, denn »man darf sich von diesen Immobilienhaien nicht über den Tisch ziehen lassen«.

In nächster Zeit habe ich noch öfter Gelegenheit, meinen Vetter bei mir zu empfangen. Inzwischen ist es ihm zwar gelungen, die »Asozialen« durch Gerichtsbeschluß hinauszubugsieren, aber das Haus hängt ihm noch wie ein Klotz am Bein. Zu dumm, daß Schönefeld nun doch zum Großflughafen in spe gewählt worden ist. Das Haus liegt genau in der Einflugschneise, was seine Attraktivität nicht gerade erhöht. Die Händler bleiben stur, mein Vetter auch.

Ich frage mich, warum er sich so hartnäckig auf eine Summe versteift, die etwa das zwanzigfache dessen beträgt, was Haus und Grundstück zu DDR-Zeiten eingebracht hätten. Braucht er das Geld so dringend? Er bezieht eine gute Rente, bewohnt eine Eigentumswohnung, fährt ein bequemes Auto. Zweimal im Jahr macht er Urlaub vom Nichtstun im Süden. Braucht er unbedingt den nicht unerheblichen Zinsbetrag aus dem Verkaufserlös? Als Pflaster für seine Einsamkeit, unter der er seit dem kürzlichen Tod seiner Frau leidet, kann es ihm auch nicht dienen.

Die Einsamkeit, das ist das zweite Thema, zu dem er immer wieder zurückkommt. »Wann kommst du mich endlich besuchen?« fragt er immer aufs neue. »Wir könnten uns ein paar schöne Tage machen. Ich bin so viel allein ...« – Bin ich es nicht? Dennoch verspüre ich wenig Neigung zur Reise. Worüber sollen wir sprechen? Die gemeinsamen Kindheitserinnerungen sind rasch aufgebraucht. Und die Politik? Ich muß befürchten, daß wir schon bei dem ersten ernsthaften Gespräch aneinander geraten. Doch dann kommt mir ein Zufall zur Hilfe. Sein Wohnort ist der Sitz eines Frauenprojektes, das sich den Namen »Frauenbrücke Ost/West« gegeben hat. Eines Tages rief eine Mitarbeiterin bei mir an: Sie planten eine gemeinsame Veranstaltung mit Ost- und Westautorinnen. Sie würden sich freuen, wenn meine Tochter und ich daran teilnehmen würden. Honorar könnten sie leider nicht zahlen, aber sie würden die Fahrtkosten ersetzen, und außerdem könnten wir das (gedachte) Honorar, das sie uns quittieren würden, von der Steuer absetzen. Ohne solche Finessen näher zu kennen, sagten wir zu. Eine Begegnung mit Westautorinnen? Wer mochte da kommen? Gabriele Wohmann? Elfriede Jelinek?

Es kamen Marie Marcks, eine hier bekannte Kinder- und Jugendbuchautorin älteren Jahrgangs sowie eine jüngere Kollegin von ihr. Aus dem Osten war außer uns beiden eine Autorin aus Leipzig gekommen, der ich im Schriftstellerverband noch niemals begegnet war. Sie sei auch kein Mitglied gewesen, erklärte sie. Eine Dissidentin? Aus ihrem Diskussionsbeitrag war dies kaum zu entnehmen. Sie hatte kirchlichen Kreisen angehört. Autorinnen dieses Kreises hatten es in der Literaturlandschaft der DDR nicht eben leicht gehabt.

Der Saal war gefüllt bis auf den letzten Platz, immer noch mußten Stühle aus Nebenräumen herbeigeschafft werden. Ich war erstaunt über die rege Beteiligung. Im Vorgespräch hatten sich die Veranstalterinnen eher skeptisch geäußert. Man könne nie wissen, wie viele kämen. Das Interesse an politischen Fragen, vornehmlich an Problemen der neuen Bundesländer, sei gering, die meisten sähen über ihre Nasenspitze nicht hinaus. Doch dieser Abend schien uns eines Besseren belehren zu wollen. Aufmerksam hörte das – vorwiegend junge – Publikum zu, was wir ihnen aus unserem Schriftstellerdasein zu DDR-Zeiten zu berichten hatten. Unglaube malte sich auf ihren Gesichtern. Banden wir ihnen auch keinen Bären auf? Hatten wir wirklich vom Verkauf unserer Bücher leben können? Waren die Auflagen tatsächlich so hoch? Ich erzählte ihnen, daß die erste Auflage – in der Regel 10 000 Exemplare – meist schon an die Bibliotheken wegging, die das Land bis in die entlegensten Orte mit einem dichten Netz überzogen (viele davon werden jetzt gerade »abgewickelt«). »Vielleicht«, rief jemand aus einer der hinteren Reihen, »wurden die Bücher angekauft, aber nicht gelesen. Sie sollten nur den Bestand vermehren.« Ich brauchte eine Weile, um meine Fassung wiederzufinden. Wie konnte man auf solch einen skurrilen Gedanken kommen! Die Ausleihzahlen hätten leicht das Gegenteil beweisen können, ebenso der Zustand der Bücher, die von Hand zu Hand gingen und meist schon nach kurzer Zeit einen neuen Einband benötigten. Ich weiß nicht, ob sich der Zweifler überzeugen ließ. Tiefe Unkenntnis über unser Leben in der DDR ließen auch die anderen erkennen. Aber sie waren doch wenigstens gekommen, um uns anzuhören. Ein Anfang, der uns hoffen ließ.

Ich wohnte die paar Tage bei Berthold – eine andere Lösung, etwa die Einladung einer der Frauen von der Frauenbrücke anzunehmen, hätte er mir bitter verübelt. Aber wir vereinbarten von Anfang an, daß keiner auf den anderen besondere Rücksicht nimmt. Berthold führt, unterstützt von seiner Tochter, die in der Nähe wohnt, dreimal in der Woche zu ihm kommt und ihn versorgt, das Leben eines

Junggesellen, das er auch meinetwegen nicht ändern sollte. Hin und wieder geht er noch aufs Gericht, um Verhandlungen beizuwohnen, und ich besuchte einige Frauen, die mir wichtig waren. Nur die Mahlzeiten nahmen wir gemeinsam ein, und das war jedesmal ein schwieriger Balanceakt. Wir wollten ja beide die Politik umgehen! Einmal erwähnte ich beiläufig (über irgend etwas muß man ja reden), daß meine Tochter von meinem geschiedenen Mann, der Ende der siebziger Jahre gestorben war, einen ansehnlichen Geldbetrag – in West – geerbt hatte. »Den habt ihr sicher gut angelegt«, sagte Berthold. »Hoffentlich habt ihr euch eine Ferienwohnung davon gekauft!« Ich mußte lachen. Was sollten wir zu DDR-Zeiten mit einer Ferienwohnung, in der Toscana wohl gar, wo sich viele westliche Linke eingekauft hatten? Nein, wir hatten das Geld – einfach ausgegeben! »Wie denn? Verjubelt?« wirft Berthold ein. »Juliane hat mit dem Geld ihre Studienreisen nach Spanien, Italien und Mexiko finanziert, um ihr geplantes Buch schreiben zu können«, erklärte ich ihm. »Vom Staat bekamen wir für berufliche Reisen keine Devisen. Wenn du das ›verjubeln‹ nennst ...?« – »Na, ich hoffe nur im Interesse deiner Tochter, daß sie ihre Kosten wieder hereinbekommen hat«, sagt Berthold. Hereinbekommen? Wieder wird mir erschreckend klar, daß wir – obwohl beide Deutsche – verschiedene Sprachen sprechen. Sicher, die »begehrte Westwährung« ist für die Studienreisen draufgegangen. Aber Juliane war das Buch wichtiger als das größte Bankkonto im Hintergrund. Aber das, fürchte ich, wird er nie begreifen.

Auch Bertholds Tochter Annelie, die unseren Disput verfolgt hat, blickt verständnislos. Annelie, Jahrgang 1942 wie meine Tochter, ist der Prototyp einer perfekten Hausfrau. Schon vor vielen Jahren hat sie ihre Berufstätigkeit aufgegeben, widmet sich nur noch der Wohnung, in der kein Staubkorn zu finden ist, umsorgt den Mann. Kinder haben sie nicht. »Du weißt, wie so was geht«, sagt sie zu mir, mein Verständnis voraussetzend. »Zuerst mußte ich mitverdienen, um alles heranzuschaffen: die Eigentumswohnung, die Möbel, den Fernseher, die Videos, die Geschirrspülmaschine, die beiden Autos ... Und jetzt ist es für mich zu spät, um noch Kinder zu kriegen. Schade. Ich hätte gern welche. Auch Günther ist sehr kinderlieb ...«

Günther, der bisher eine gutbezahlte Arbeit hatte, wird nächstes Jahr – auf sanften Druck der Betriebsleitung – in den Ruhestand gehen. Doch finanzielle Sorgen werden das Paar auch dann nicht drücken. Günther erhält eine gute Abfindung, und zu seiner Rente kann er noch die Zinsen aus dem Kapitalbetrag zählen, den er im Laufe der Jahre hatte ansparen können. Ach ja, das zweite Auto würden sie leider abschaffen müssen, meint Annelie; Günther brauche seins ja nicht mehr zur Fahrt an den Arbeitsplatz. Man werde sich einschränken müssen, seufzt sie.

Und die Fünfzigjährigen im Osten? denke ich. Sind sie auch so fest eingebunden in das soziale Netz, das Berthold so eindringlich lobt? Viele sind in die Arbeitslosigkeit abgeglitten. Ihre halbierten Ersparnisse aus vierzig Jahren sind bald aufgezehrt. Dann werden sie Almosenempfänger. – Aber so schlecht, widerspricht mir Berthold, könne es ihnen doch gar nicht gehen. »Fahr' mal in die Urlaubsorte«, animiert er mich. »Nach Mallorca, Tunesien oder Griechenland. Überall wimmelt es von Leuten, die von drüben ... äh, aus den neuen Ländern kommen ...«

Ich verzichte auf eine Widerrede. Daß Ostbewohner einen Nachholebedarf in bezug auf Reisen haben, ist ja nicht abzustreiten. Und Arbeitslose verfügen bekanntlich über viel freie Zeit. Warum sollen sie da nicht auch einmal ans Mittelmeer reisen – sofern sie es sich finanziell leisten können? Doch meist reicht das Geld nur für eine strapaziöse Fünf-Tage-Tour. Soll ich mit Berthold streiten? Er hat sein bestes versucht, um mir den Aufenthalt bei ihm angenehm zu gestalten. Aber sind wir einander wirklich näher gekommen – Deutsche aus Ost und aus West?

1995

75

Jeder lebt für sich allein

Wieder ein einsames Wochenende. Magda, meine treue Freundin, mit der ich sonst diese Tage verbringe, ist zu ihren Verwandten an den Rhein gefahren, zu denen sie in einem guten Verhältnis steht. Manchmal beneide ich sie. Vielleicht sollte man zwischen sich und seine Angehörigen ein paar hundert Kilometer Entfernung legen. Man sieht einander nicht ständig, fährt ab und zu auf Besuch, wird immer gern gesehen, weil jeder weiß, man bleibt nicht für alle Ewigkeit. Ich wohne mit meiner Enkelin Tür an Tür, aber oft vergehen Tage, ohne daß wir einander sehen, ohne daß die eine weiß, was die andere treibt. Gestern ist Jasmina weggefahren, wieder nach Italien, in die Ölmühle, und ich zwinge mich, nicht ständig daran zu denken, daß sie bis in die Nacht hinein über die Autobahn rast, bei schlechtesten Wetterverhältnissen – gerade wurde im Fernsehen gemeldet: In Österreich und in der Schweiz sei der erste Schnee gefallen. Und wir haben erst Mitte September.

Ja, der Sommer, der keiner war, droht nun endgültig zu Ende zu gehen, ohne uns noch ein paar Sonnentage zu gönnen, den Altweibersommer. Das Wetter, wie die Welt, scheinen aus den Fugen geraten. Mir graut vor dem Winter, der Dunkelheit, dem Glatteis. Schnee, der sowieso in unseren Zonen nur noch spärlich fällt, wird allenfalls von den Kindern bejubelt, da sie endlich mal Skier und Rodelschlitten hervorkramen können. Für Alte taugt der Winter nicht, er hält uns für Wochen, ja Monate in unseren vier Wänden gefangen. Wer hilft mir, bei unerläßlichen Besorgungen, heil über die Straße zu kommen? In letzter Zeit hatte ich Helga zur Seite. Sie hat eine ABM-Stelle in einem Frauenprojekt, das gegründet wurde, um alten Menschen mit Rat und Tat, bei Einkäufen oder Behördengängen zu helfen. Ich brauche von Helga hauptsächlich ihren Arm. Auf ihn gestützt und in der linken den Stock, kann ich ausschreiten, als wäre ich dreißig. Doch allein gelassen, kann ich mich nur schwer im Gleichgewicht halten. In letzter Zeit versagen sogar meine Knie den Dienst. Das sei erklärlich, meinte mein Arzt, dem ich die neuesten Beschwerden klagte; durch die einseitige Belastung infolge der Fußlähmung seien auch die Knie betroffen. Er empfahl mir, zur Linderung eiskalte Umschläge aufzulegen. Ich befolgte den Rat, aber, wie ich schon befürchtet hatte, mit wenig Erfolg. Kurzzeitig scheinen die Schmerzen nachzulassen, um erneut um so heftiger aufzutreten. Also lasse ich die Umschläge wieder weg. Altern, das weiß ich doch, heißt, sich mit immer neuen Wehwehchen abzufinden, sie am besten zu ignorieren.

Meine »Stütze« Helga ist ein Glücksfall für mich. Wir kennen einander schon seit Jahrzehnten; die promovierte Sinologin war wissenschaftliche Mitarbeiterin im Schriftstellerverband. Nach Auflösung des Verbandes wurde sie »abgewickelt«. Jetzt ist auch ihre neue ABM-Stelle in Gefahr. Es ist unwahrscheinlich, daß das Frauenprojekt, in dem sie tätig ist, nach Inkrafttreten der Sparmaßnahmen auch im nächsten Jahr weitergeführt wird. Wer kann sich dann der zahlreichen alten Menschen annehmen, um die sich die Mitarbeiterinnen des Frauenprojekts bisher gekümmert haben? Um die Obdachlose zum Beispiel, der man zwar zu einer Wohnung verhelfen konnte, die aber allein ihr Geld nicht einzuteilen und ihren kleinen Haushalt nicht zu führen vermag? Um die körperlich Behinderten, die nach Möglichkeit ihre Selbständigkeit bewahren möchten, und die die enorm gestiegenen Kosten für einen Heimaufenthalt nicht aufbringen können? Und was wird aus den Mitarbeiterinnen selbst, alles Frauen um die Fünfzig und hochqualifiziert, die erneut auf die Straße fliegen? »Ich komme zu dir als Putze«, hat Helga schon mehrmals verkündet, und ich sehe ihr an, daß es ihr bitterernst damit ist. Aber soll ich mich darauf einlassen? So verführerisch der Gedanke ist, mit einer Hilfe, die meine Böden blankpoliert, auch über Filme, Theaterinszenierungen und neuerschienene Bücher sprechen zu können, so besteht doch die Gefahr, daß unsere Unterhaltungen überhandnehmen und der praktische Teil unseres Zusammenseins ins Hintertreffen gerät. Nein, mit Helga setze ich mich lieber zu einer Tasse Kaffee zusammen, um mit ihr über neue literarische Pläne zu sprechen, die politische Lage zu erörtern oder einfach über gemeinsame Bekannte, ehemalige Verbandsmitglieder, gutmütig herzuziehen. Ja, wenn ich in der Lage wäre, mir eine Sekretärin zu leisten, so wäre Helga die geeignete Person dafür. Sie könnte für mich in Archiven forschen, vielleicht sogar nach Moskau fliegen, wo ich Unterlagen vermute, die meine Forschungen über Ilse Stöbe, eine Widerstandskämpferin im Dritten Reich, über die ich seit Jahren schreiben möchte, vorantreiben könnten. Mir selbst kann ich eine solche Reise nicht mehr zumuten, und auch meine lange gehegte Hoffnung, daß Tochter oder Enkelin, die beide Russisch sprechen, mich eines Tages unterstützen könnten, hat sich nicht erfüllt. Beide sind zu sehr auf eigene Arbeiten konzentriert. Jasmina hat ihre Kinder, und Juliane wird bis in die Abende hinein von ihrem Frauenprojekt in Anspruch genommen, so daß sie für mich kaum noch Zeit erübrigen kann. Und habe ich nicht Verständnis für ihr bewegtes Leben? Es betrübt mich nur, daß ich bloß noch von weitem als eine Art Zaunkönig daran teilnehmen kann.

Aber muß es so sein, räsoniere ich gleich darauf, daß ich den lieben langen Sonntag hier allein verbringe, ohne daß jemand auch nur für ein Stündchen bei mir vorbeikommt oder mich wenigstens anruft? In meiner Verlassenheit rufe ich Hertha an, auch eine meiner alleinstehenden Freundinnen. Sie ist gerade von einem Besuch bei ihrem Sohn zurück. Sie scheint bedrückt, und ich brauche nicht lange in sie zu dringen, bis sie mir von ihren Sorgen erzählt. Nichts in der jungen Familie scheint mehr zu stimmen, klagt sie, obwohl äußerlich alles in bester Ordnung ist. Sohn wie Schwiegertochter stehen in Arbeit und verdienen zusammen mehr Geld, als sie verbrauchen können. Das einzige Kind ist mit Spielsachen übersättigt, die ihm aber die Abwesenheit der Eltern, die in ihrer knapp bemessenen Freizeit hinter Luxusgütern herjagen, nicht ersetzen können. Neue Möbel wurden angeschafft, die alten, gut erhaltenen, auf den Müll geworfen. Die neueste Errungenschaft ist eine Siamkatze, die, inklusive Katzenklo und Freßnapf, sicherlich ein paar Tausender verschlungen hat. »Aber wozu das alles?« fragt Hertha. »Wenn sie wenigstens glücklich wären! Aber soviel ich sehe, gibt es zwischen den Eheleuten kaum noch Gemeinsamkeiten. Meine Schwiegertochter kommt mir vor wie die Ilsebill, die immer Neues, immer Besseres will, und mein Junge leidet unter dem Streß, dem er sich unterwerfen muß. ›Wenn ich allein wäre‹, sagt er jetzt immer öfter, ›könnte ich dies oder jenes tun.‹ Die Ehe wird ihm zur Fessel. Neulich ist er wirklich einmal ausgebrochen. Hat allein – und zu Fuß – einen Tag im Grünen verbracht. Und ich fürchte, dieser Ausbruch wird nicht der letzte sein.«

Hertha verstummt, und da auch ich nichts mehr sage, legen wir im stillen Einverständnis den Hörer auf. Was hätte ich auch zum Trost erwidern können? Daß das Auseinanderleben von Eheleuten weit verbreitet ist? Ich muß an meine frühere Nachbarin denken. Auch sie hat einen Sohn, einen Managertyp, der die Woche über von einer europäischen Hauptstadt in die andere fliegt. Aber sonntags, zu Hause, schließt er sich in sein Zimmer ein, will nichts mehr sehen und hören. Seine Frau lebt in ihrer eigenen Welt, die halbflüggen Töchter kommen und gehen, wie es ihnen paßt. Sollte eine von ihnen eines Tages wegbleiben, wüßte er nicht einmal, wo er sie suchen kann.

»Jeder in der Familie lebt für sich allein«, sagte meine Nachbarin einmal, »ebenso wie ich allein lebe. Wir sind nicht verzankt, aber wann kommen wir denn mal zusammen? Nicht einmal mehr an den Geburtstagen. Zu meinem halbrunden im vorigen Jahr haben sie mir ein Tonband geschickt, auf das sie ihre Glückwünsche gesprochen hatten. Mein Sohn war auf Dienstreise, und meine Schwiegertochter war mit den beiden Mädchen in den Urlaub gefahren. Ein Bote brachte mir das Tonband ins Haus. Zusammen mit einem großen Blumenstrauß. – Wie ist es denn bei Ihnen?« fragte sie unvermittelt. »Feiern sie denn noch, wie früher, im Familienkreis?«

Nein, gab ich zu; auch wir hatten es uns abgewöhnt, in der Familie zu feiern. Der Geburtstag meiner Tochter, Anfang Mai, fällt so unglücklich mit zwei uns bisher wichtigen Gedenktagen zusammen: dem befreienden des Kriegsendes 1945 und dem bedrückenden der Bücherverbrennung 1933, daß sie als Dolmetscherin stets bei irgendwelchen Veranstaltungen war und ich Mühe hatte, ihr meine Glückwünsche wenigstens telefonisch darzubringen. Und meine Enkelin gestaltet ihren Ehrentag jedesmal zu einem rauschenden Fest, zu dem sich in ihrer kleinen Wohnung dreißig bis vierzig Gratulanten drängeln, Menschen verschiedener Nationalitäten, deren Sprachengewirr mir um die Ohren hallt, so daß ich es vorziehe, mich rasch wieder in meine einsame Klause zurückzuziehen.

Und meine Geburtstage? Mein Älterwerden zu feiern, ist mir schon lange zur lästigen Pflicht geworden. Sind meine Tage nicht bereits gezählt? Im Alltag verdränge ich den Gedanken daran. Ist es nicht vermessen von mir, mit Jüngeren zusammenzusitzen, die unbefangen Pläne für den nächsten Urlaub schmieden? Wo werde ich im Sommer sein? Im Krankenhaus? Im Pflegeheim? Zu DDR-Zeiten hat man sich oft darüber beklagt, daß Kinder ihre Eltern kaltherzig in ein Heim abschoben. Solch Schicksal scheint uns Heutigen erspart zu bleiben. Denn die »Seniorenresidenzen«, die allerorten aus dem Boden sprießen und die alten Menschen mit ihren Werbespots vom »Wohnen im Grünen« verlocken, sind so kostspielig, daß nur wenige Rentner den Aufenthalt bezahlen können. Viele ihrer Nachkommen aber, die vom Sozialamt zur Kasse gebeten werden, streichen lieber selbst das Pflegegeld ein und lassen die lieben Alten zu Hause sterben.

1996

WANDLUNG EINES ZEHNGESCHOSSERS

In unserem Haus steckt der Wurm.

Vor etwa zehn Jahren waren wir hier eingezogen, nachdem wir unsere Wohnung in der Wuhlheide beinahe fluchtartig verlassen hatten. Mit dem Besitzer jenes Zweifamilienhauses hatte es ständig Querelen gegeben, so daß wir, um unsere Nerven zu schonen, versucht hatten, im Tausch zu einer neuen Behausung zu kommen, diesmal getrennt voneinander und mehr in der Nähe der Stadt. Am Spittelmarkt war gerade ein neuer Komplex fertig geworden. Wir zogen in Wohnungen im neunten Stock, der obersten Etage, deren Balkone, obwohl nach Norden gelegen, uns wegen eines fehlenden Überbaues die Chance boten, zumindest im Hochsommer ein wenig Sonne genießen zu können. Zwei Wohnungen wurden uns zur Verfügung gestellt, eine für mich und die zweite für die übrigen Familienmitglieder, ein Glücksfall für uns, die wir weiter in Rufnähe beieinander wohnten, und doch hatte jede ihr Reich für sich.

Der Bauleiter, der uns stolz durch die Räume führte, trat auf einen der Balkone hinaus und wies auf die Gegend hin. »Dies Panorama ist einmalig!« schwärmte er. »Sehen Sie doch: Viele Theater, den Dom und das Schauspielhaus haben Sie fast vor der Tür. Außerdem können Sie sich hier sicher fühlen wie in Abrahams Schoß. Gegenüber liegt die

Bezirksleitung, und Erichs Domizil ist auch nicht weit weg. Hier wagt sich kein Spitzbube her.«

Tatsächlich patroullierten vor den besagten Objekten, wie wir bald feststellen konnten, Tag und Nacht Volkspolizisten. Mitarbeiter der Stasi hatten sich sogar, was wir damals nicht wußten, in unserem Wohnkomplex einquartiert. Warum auch nicht? Irgendwo mußten sie ja wohnen, sie waren Bürger des Staates wie wir, gingen pünktlich ihrer Arbeit nach, waren nicht asozial. Enttarnt wurden sie erst nach der Wende. Nur über einen, den Schatten eines Politbüromitgliedes, waren wir informiert, weil er kein Hehl aus seiner Tätigkeit machte, ja wohl sogar stolz auf sie war. Hier im Block wirkte er äußerst aktiv, wollte sofort eine Hausgemeinschaft gründen, die aber, wegen mangelnder Beteiligung, nie zustande kam.

Das solidarische Verhalten von Ostdeutschen untereinander wird rückblickend oft gerühmt. In unserem Hochhaus spürte man allerdings wenig davon. Die Männer, denen man im Fahrstuhl begegnete, hatten offenbar hochwichtige Funktionen inne, verhielten sich reserviert, wie auch der Redakteur der Parteizeitung, der meinen Gruß nur durch knappes Kopfnicken erwiderte und eilig an mir vorbei zu seinem Dienstwagen eilte, in dem der Motor schon lief. Unmöglich, ihn etwa darum zu bitten, einen Artikel, den ich für seine Zeitung geschrieben hatte, mit in die Redaktion zu nehmen. Ein anderer Mitbewohner, Leiter der jährlich stattfindenden Dokumentarfilmwoche, war viel unterwegs, und auch den Schauspieler, eine Etage darunter, bekam man nur selten zu Gesicht. Er, der als Dissident galt, von der DEFA ein festes Salär bezog, aber nie eine Rolle bekam, nutzte seine Freiheit, um sich an Demonstrationen zu beteiligen, um Petitionen zu verfassen oder, brennende Kerzen in den Händen, vor den Gotteshäusern Wache zu schieben. Auch die Frauen im Haus sah man nur flüchtig. Von der Arbeit kommend, wartete auf sie zu Hause schon die zweite Schicht, oder sie rannten bereits wieder

davon, um irgendwelchen Mangelwaren nachzujagen. Mu-
ßezeiten lernten sie erst nach der Wende kennen – doch da
war es ihnen auch nicht recht.

Schade, daß der Bauleiter, der uns unsere Sicherheit
pries, die spätere Verschärfung der Lage nicht mehr miter-
lebt hat. Er war nur kurzfristig für wichtige Bauten nach
Berlin geholt worden, inzwischen jedoch wieder in seine
Kleinstadt zurückgekehrt, wo es ebenfalls Arbeit in Hülle
und Fülle für ihn hätte geben können, weil die Häuser langsam aber stetig zu Ruinen verkamen; doch nahm das höhe-
ren Ortes niemand zur Kenntnis. Das Interesse der Oberen
galt vordringlich Berlin, wo die Lage Ende der achtziger
Jahre immer brenzliger wurde. Unsere Gegend wurde zum
Aufmarschgebiet aller Sicherheitskräfte. Einsatzwagen,
vollbesetzt mit Polizisten, kampierten auf unserem Hof, und
es kam vor, daß wir, von Einkäufen kommend, erst unseren
Personalausweis vorzeigen mußten, bevor man uns erlaubte, bis zu unserer Straße vorzudringen, die zur Gefahrenzo-
ne I erklärt worden war, weil sie die Geschäftsräume einer
christlichen Organisation barg.

Erst nach der Wende trat allmählich wieder Ruhe ein –
eine Ruhe vor dem Sturm, wie sich bald erwies. Zunächst
sah es so aus, als sollten wir Mieter uns endlich etwas näher kommen. Not schweißt zusammen, wie man weiß, und
die Mieterhöhung um das Sechsfache erregte die Gemüter
aller im gleichen Maße. Eine Bewohnerin der dritten Etage, der ich bisher kaum einmal begegnet war, besuchte mich
plötzlich, um mir ihr Herz auszuschütten. Als ehemalige
Köchin in der Normannenstraße werde sie jetzt von allen
gemieden, und sie wage sich kaum noch auf die Straße.
Robuster dagegen erwies sich der Stasi-Schatten. Nachdem
seine Frau ihn Knall auf Fall verlassen hatte, holte er die
Verursacherin seiner Ehetragödie, eine Jüngere natürlich,
offiziell in sein Bett, und beide eröffneten in der Nähe eine
Imbißbude, die offenbar ihre Betreiber ernährt. Die auffäl-
ligste Wandlung vollzog sich indes mit dem Redakteur. Als

einer der ersten aus seiner Funktion entlassen, war er inzwischen als Pförtner irgendwo untergekommen. Fast über Nacht schien er um Jahre gealtert.

Auch der Filmmensch mußte vorzeitig in Rente gehen, um einem Jüngeren, weniger links Orientierten, Platz zu machen. Einziger Nutznießer der Wende schien der Schauspieler-Dissident zu sein, der sich angeblich vor Angeboten von Film und Fernsehen nicht retten konnte. Wir glaubten es ihm, denn eines Tages stand ein funkelnder »Alfa Romeo« vor unserem Haus – ein Traumauto, an dessen Besitz er sich indes nicht lange erfreuen konnte, denn als er eines Morgens auf die Straße trat, fand er nur noch das Skelett seines Autos vor: Die rächende Hand der Neider hatte zugeschlagen!

Seitdem sind Jahre ins Land gegangen, und inzwischen haben wir uns an den Gedanken gewöhnt, daß die Spitzbuben auch um unsere Gegend keinen Bogen machen. Fünf Einbrüche mußten wir im letzten Sommer registrieren, und alle hatten sich am hellichten Tag ereignet, als die Wohnungsinhaber nur mal kurz zu Besorgungen außer Hause waren. Wir im neunten Stock meinten vorläufig noch sicher zu sein, bis uns die Nachricht ereilte, daß Einbrecher auch im obersten Geschoß des Nebenhauses gewütet hatten; die Diebe waren einfach übers Dach gestiegen. Nun tauschten wir unsere Türen aus und verbarrikadierten uns hinter Eisenstäben. Dennoch wollten die Hiobsbotschaften kein Ende nehmen. Vor ein paar Tagen kam meine Ärztin bei mir vorbei, die in einer der unteren Etagen wohnt. Ich hatte sie nicht gebeten zu kommen, weil ich wußte, daß sie erst kürzlich von einem Herzinfarkt genesen war und dringend der Schonung bedurfte. Doch sie lachte mich aus. »Wo denken sie hin?« sagte sie. »Ich kann es mir gar nicht leisten, krank zu sein. Nein, ich bin längst wieder im Geschirr.« – Erfreulich, daß sie so viele Patienten haben, bemerkte ich. Doch wieder mußte sie mich korrigieren. Sie kümmere sich ja nicht nur um die Patienten, die in ihre Praxis kämen.

Nein, sie stünde außerdem mit Seniorenheimen in Vertrag, die natürlich nicht alle im selben Stadtteil lägen. Da hetze sie an manchen Tagen kreuz und quer durch Berlin. Aber anders käme sie nie von ihren Schulden herunter. »Sie mußten einen Kredit aufnehmen?« fragte ich behutsam, denn ich wollte den Anschein vermeiden, als mische ich mich in ihre privaten Finanzangelegenheiten. Doch Frau Doktor gab sich ganz unbefangen: Offenbar hatte sie geradezu das Bedürfnis, sich auszusprechen. Bis Ende des Jahres müsse sie – allein an Zinsen – zigtausend Mark aufbringen, gestand sie mir. Und sie wisse bereits heute, daß ihr dies nie gelingen werde. Was dann geschähe? Sie raffte ihre Papiere zusammen. »Na, mein Bett kann er ja wohl nicht wegpfänden – der Gerichtsvollzieher«, sagte sie mit Galgenhumor, aber ich sah ihr an, daß ihr nach allem anderen als nach Lachen zumute war. Wie sollte sie weiterleben – unter der Last ihres Schuldenberges? Und wie lange würde ihr Herz dem Streß, dem sie es aussetzte, noch standhalten können?

Ja, in unserem Haus steckt der Wurm. Nie war die Fluktuation der Bewohner so groß wie jetzt. Mieter ziehen aus, und andere kommen herein: viele Paare aus der Leipziger, die sich verkleinern müssen. Nirgends ziehen Kinder mit ein; es ist, als wollten die Ostdeutschen die Gattung Mensch aussterben lassen. Unter den siebenundzwanzig Mietparteien in unserem Haus gibt es außer meinen Urenkeln nur noch das kleine Mädchen, das der frühere Stasi-Mann mit seiner neuen jungen Frau gezeugt hat. Herrscht also wenigstens dort noch heiles Familienglück? Bis vor kurzem hatte ich es angenommen. Doch gestern traf ich die junge Frau auf der Treppe, der Fahrstuhl streikte mal wieder. »Hoffentlich haben wir Sie heute Nacht nicht zu sehr gestört?« fragte sie ängstlich. Ich verstand sie nicht. Warum? Und wieso? Die junge Frau zögerte einen Moment. Es schien sie Überwindung zu kosten, weiterzusprechen. »Na, ich mußte doch die Polizei rufen«, sagte sie. Und plötzlich sprudelten die Worte aus ihr hervor, als würde eine Schleuse geöffnet. »Er schlägt uns doch immer«, sagte sie weinend, »er schlägt mich und das Kind. Ich habe kürzlich die Scheidung eingereicht, und seitdem ist die Hölle los.« Wieder verstummte sie, und auch mir hatte es die Sprache verschlagen. Solche Tragödien ereigneten sich fast vor meiner Tür, ohne daß ich davon eine Ahnung hatte? Manchmal verwünsche ich meine Schwerhörigkeit. »Konnten Sie denn nicht einen Nachbarn zu Hilfe rufen?« fragte ich endlich. »Die«, sagte sie, »haben doch alle mit sich zu tun. Die Eheleute unter mir liegen in Scheidung, und die gegenüber von mir – die schreien sich bloß noch an. Nein, heutzutage muß jeder sich selber helfen. Daß man sich umeinander kümmert, das war einmal.« Sie blickte auf ihre Armbanduhr und erschrak. »Ich muß weg, entschuldigen Sie ... Und nichts für Ungut.«

Ich konnte den ganzen Abend keine Ruhe finden. Was war los mit den Menschen? Die Arbeitslosigkeit hat sie überfallen wie eine Naturkatastrophe, nach der ein mörderischer Kampf ums Überleben anhebt und jeder in seinem Mitmenschen nur noch den Konkurrenten sieht, den es zu übertrumpfen gilt.

In unserem Haus steckt der Wurm. Nur in unserem? Das Unvermögen der Menschen, mit den neuen Verhältnissen zurechtzukommen, wird weiter um sich greifen, fürchte ich.

Am nächsten Morgen überlese ich die Seiten, die ich am Vortag geschrieben habe. Mich beschleicht ein ungutes Gefühl dabei. Habe ich zu schwarz gemalt? Ich besuche meine Freundin Lilo, die in einem Außenbezirk wohnt, ich möchte ihr Urteil erfahren. Sie hört mir aufmerksam zu, während ich lese, aber ich sehe bereits, wie sich in ihren Zügen wachsende Ablehnung malt.

»Wie beschaulich leben wir doch in unserer Siedlung«, sagt sie endlich aufatmend, als ich die Seiten beiseite lege. »Nein, bei uns gibt es solche Tragödien nicht.« Sie erzählt, daß allein in ihrem Umkreis in den letzten Jahren acht Neubauten entstanden seien; alles Einfamilienhäuser. »Und

Kinder«, meint sie lachend, »von denen tummeln sich genug hier in den Gärten herum.« Nein, hier sei die Welt noch in Ordnung, behauptet sie.

Wie schön, wenn man ihr glauben könnte. Aber Lilo, meine Freundin, ist eine alte Frau. Sie wohnt in der Siedlung seit vierzig Jahren. Sie ist ein freundlicher Mensch, und jeder ist freundlich zu ihr, zumal sie großzügig mit Trinkgeldern um sich wirft. Seit sie krank ist und nicht mehr aus dem Haus geht, trachtet man danach, ihr gefällig zu sein. Der Apotheker schickt ihr die Medizin ins Haus. Der Tante-Emma-Laden liefert alle Lebensmittel. Der Hausbesitzer schleppt ihr die Getränke herauf. So geborgen in ihrem Schneckenhaus, kann kaum noch Beunruhigendes aus der Außenwelt zu ihr dringen.

Vielleicht sollte man wirklich nach draußen ziehen, denke ich, als ich auf dem Heimweg mit der Autokarawane vorwärts schleiche. Der Trend geht ja dahin. Jeder, der es irgend mit seiner Arbeit oder anderen Verpflichtungen vereinen kann, trachtet danach, aus der versmogten, mit Baustellen gespickten Innenstadt, der Brutstätte aller Fäulnis, herauszukommen. Aber läßt man mit dem Umzug auch die Sorgen zurück?

1995

SELBSTHILFEGRUPPE AUTORINNEN

Als bald nach der Wende der Schriftstellerverband der DDR aufgelöst wurde, war mir der Gedanke unerträglich, daß wir Mitglieder nun in alle Richtungen auseinanderliefen. Zwar hatte es unter uns kaum enge Freundschaften gegeben. Aber wir hatten uns doch regelmäßig auf den Versammlungen gesehen; man wußte annähernd, welche Themen die Kollegen bearbeiteten, bei wem sie unter Vertrag standen, von wem eine Neuerscheinung zu erwarten war. Auch Feste hatten wir gemeinsam gefeiert, vor allem den 8. März, den Internationalen Frauentag, zu dem wir Frauen uns unter der Schirmherrschaft eines eigens an diesem Tag zu uns abgeordneten männlichen Kollegen zusammenfanden. Und einmal hatten wir in einer größeren Gruppe eine 8-Tage-Fahrt nach Leningrad unternommen, in die Stadt, die heute wieder St. Petersburg heißt und aus der die Namen vieler damals hochgeschätzter Schriftstellerkollegen, mit denen wir bei Wodka oder Krimsekt zusammensaßen, aus dem Gedächtnis ausgelöscht scheinen. Sollte uns das letzte Band, das uns noch mit unseren Erlebnissen aus vierzig Jahren verknüpfte, die menschliche Gemeinschaft, verlorengehen? Ich rief ein paar Kolleginnen an, die ähnlich dachten, und wir beschlossen, uns regelmäßig einmal im Monat zu treffen, um in dieser »Selbsthilfegruppe Berliner Autorinnen« Erfahrungen auszutauschen, wobei wir unser Zusammensein jedesmal mit einer Lesung zu krönen gedachten, zu der wir auch jüngere Autorinnen hinzuziehen wollten. Bis heute haben wir durchgehalten; doch neuerdings, fürchte ich, wird unser Zirkel aus Altersgründen auseinanderfallen. Die meisten derer, die zum Stamm gehören, stehen allmählich im achten Jahrzehnt, sind krank oder an einen noch kränkeren Partner gefesselt, den sie selbst stundenweise nicht allein lassen können. Auch sind die wenigsten noch produktiv. Lieselotte, die zahllose Bücher aus dem Russischen übersetzt hat und mit vielen Preisen geehrt wurde, erhält nach der Wende keine Aufträge mehr. Lilo, Verfasserin erfolgreicher Kinderbücher, sucht einen neuen Verleger, nachdem der bisherige dem mörderischen Konkurrenzkampf in der Marktwirtschaft nicht gewachsen war und Konkurs anmelden mußte. Inge präsentiert uns stolz einen schmalen Band, der ihre Märchen enthält, gesteht aber ein, daß sie sich an der Herstellung des Buches mit einem Druckkostenbeitrag beteiligen mußte. Ruth, die einst als junges Mädchen dienstverpflichtet in Peenemünde war und ihre Erlebnisse auf der Raketenstation in einem Buch niedergelegt hat, dessen Auflagenhöhe zu DDR-Zeiten in die Hunderttausende ging, kann sich zwar über eine Neuauflage des Buches freuen, doch der neugegründete Ein-Mann-Verlag, der es herausgebracht hat, verfügt über wenig Vertriebserfahrung, so daß das Buch in kaum einer Buchhandlung zu finden ist. Niemand von uns kann wie früher vom Ertrag seiner Bücher leben. Und die jüngeren Autorinnen? Unsere Hoffnung, auch sie in unsere Runde zu holen, hat sich nicht erfüllt. Sie geben nur Gastrollen ab, weil sie zu hart im Existenzkampf stehen. Einige haben eine ABM-Stelle ergattert, die aber nach Jahresfrist abläuft, und dann müssen sie sich wieder arbeitslos melden. Eine einzige aus unserem Kreis, Vera Friedländer, war nach der Wende erfolgreich. Aber auch sie verdankt ihren Aufschwung nicht der Literatur, sondern ihrem neuen Status – als Unternehmerin! Von ihr und ihrer »Sprachschule für Ausländer«, die sie gegründet hat, soll hier die Rede sein.

Ich kannte Vera zu DDR-Zeiten nur flüchtig, da sie nur selten in unsere Versammlungen kam. Sie hatte als Sprachwissenschaftlerin mehrere Jahre an der Warschauer Universität gelehrt. Aber ich hatte bereits mit großer Bewegung ihr erstes Buch gelesen: »Man kann keine halbe Jüdin sein« (neu aufgelegt bei Agimos, Kiel), das die Geschichte einer weit verzweigten jüdischen Familie erzählt, deren Mitglieder nach und nach, durch Deportation und Emigration, verloren gehen. Vera, damals ein junges Mädchen, wurde dienstverpflichtet. Sie mußte bei »Salamander« Schuhe von Frauen, die vergast worden waren, wieder »benutzbar« machen.

Nach der Wende war Vera häufiger Gast im Jüdischen Kulturverein. Da auf der gleichen Etage auch das Frauenprojekt seinen Sitz hatte, in dem unser Autorinnen-Zirkel sich traf, nahm Vera öfter an unseren Zusammenkünften teil. Aber sie hatte niemals viel Zeit. Sie erzählte uns, daß jetzt täglich jüdische Emigranten mit der Bitte um Unterstützung in den Kulturverein kämen. Mit nur einem Koffer, in Sommerkleidern und mit Touristenvisum, waren sie hergekommen aus der damals noch existierenden Sowjetunion, aus Bulgarien oder Rumänien, und plötzlich erklärten sie, daß sie für immer hierbleiben wollten. In ihrem Heimatland machten sich erste Anzeichen drohender Pogrome bemerkbar, und sie fürchteten sich, dorthin zurückzufahren. Sie wohnten in Heimen und wurden von der damaligen DDR-Regierung als Flüchtlinge anerkannt; doch weitere Unterstützung konnten sie kaum erwarten. Vor allem mußten sie ja die deutsche Sprache erlernen. Später hofften sie auf eine Arbeit und vielleicht auf eine eigene Wohnung. Vera hatte sich, zusammen mit einigen Mitgliedern des Jüdischen Kulturvereins, sofort bereit erklärt, die Flüchtlinge zu unterrichten – natürlich kostenlos. Einige Räume konnten sie durch einen glücklichen Zufall von einem Bekannten übernehmen, dessen Projekt sich gerade zerschlagen hatte; Bücher und anderes, was sie dringend für den Unterricht benötigten, erhielten sie durch Spenden, und von der Stasi, deren Utensilien gerade verramscht wurden, holten sie sich Schreibmaschinen und andere Geräte fast zum Nulltarif. Am 2. Juli 1990 meldete Vera das Gewerbe an, und schon vierzehn Tage später fand die offizielle Eröffnung statt, die ein voller Erfolg wurde. Die Gäste füllten nicht nur die Unterrichtsräume, sondern drängten sich auch auf den Treppen und standen bis auf den Hof. Das Fernsehen war da, und in der Presse wurde spaltenbreit über das Ereignis berichtet. Mit einem Schlage war die »Friedländer-Schule« bekanntgeworden, und nun erhielt sie auch einen einmaligen Zuschuß von der Regierung de Maizière, der aber allenfalls ein Jahr reichen würde. Sollten sie dann aufgeben und ihre Aufgabe als erfüllt ansehen? Aber Vera und ihr Trupp hatten schon zu viel Kraft in die Unternehmung investiert. Sie wollten weitermachen. Sie erfuhren, daß Deutschunterricht für Ausländer in den alten Bundesländern schon immer gefördert wurde. Warum also nicht auch in den neuen Ländern? Man stellte einen Antrag auf Förderung – und hatte Erfolg.

Schon ein Jahr später, im Juli '91, konnten die ersten Gruppen unterrichtet werden, für die das Arbeitsamt das Schulgeld bezahlte. Inzwischen war man in die erste Etage eines Vorderhauses am Kollwitzplatz umgezogen, verfügte über weit größere Räume und wurde zum Anziehungspunkt der vielen Flüchtlinge, die nach wie vor nach Deutschland kamen. »Die Summen, die jetzt jeden Monat durch unsere Bücher gehen, sind ungeheuerlich«, erzählte uns Vera einmal. Und da sie als Gewerbetreibende persönlich für alle Schulden geradestehen muß, lieh sie sich das erforderliche Grundkapital, zusammen mit ihren beiden Söhnen, um eine »gemeinnützige Gesellschaft« zu gründen. »Seitdem sind wir ein richtiger Familienbetrieb«, erzählt Vera stolz, denn sie ist froh darüber, daß sie durch ihren Unternehmensmut ihren Söhnen zu einer Existenz verholfen hat.

Die Schule vergrößerte sich. Jedes Jahr im Herbst erhöhte sich die Teilnehmerzahl, die bald schon die 600 überstieg. Zwölf Mitarbeiter sind inzwischen fest angestellt, und fünfzig Lektoren arbeiten auf Honorarbasis. Teilnehmer waren hauptsächlich »Spätaussiedler«, also Deutschstämmige und ihre Angehörigen, die kaum ein Wort deutsch verstehen. Manche sprechen eine Art schwäbischen Dialekt, müssen also erst hochdeutsch lernen, was ihnen äußerst schwer fällt. Der Kursus, der allgemein sechs Monate läuft, wird mit dem Zertifikat »Deutsch als Fremdsprache« abgeschlossen. Es gibt auch einen Kursus für Fortgeschrittene, der nach erfolgreichem Abschluß zur Aufnahme eines Studiums an einer deutschen Universität berechtigt.

Natürlich treten in einem so umfangreichen Unternehmen, das viele Mitarbeiter beschäftigt, auch Probleme auf. Soweit sie die Lektoren oder die Festangestellten betreffen, findet Vera immer rasch eine Lösung, wobei sie stets den sozialen Aspekt im Auge behält. Die Interessen einer alleinerziehenden Mutter, die auf ihren Verdienst angewiesen ist, wird sie immer eher vertreten als die einer Lektorin, die nebenbei Rente bezieht oder anderweitig finanziell gesichert ist. Überhaupt ist ihr das menschliche Miteinander sehr wichtig. Der gute Zusammenhalt, den es an der Schule gibt, wird von allen Teilnehmern gerühmt, und die Mundpropaganda der Absolventen, die die Schule weiterempfehlen, stellt schließlich die beste Werbung dar. An anderen Schulen, vornehmlich an westlichen, herrscht ein härterer Ton.

Probleme mit Teilnehmern sind schwerwiegender, erzählt uns Vera. Es gäbe unter ihnen einige junge Männer um die zwanzig herum, die sich völlig verweigern. Sie sitzen nur da, antworten auf keine Frage, beteiligen sich nicht am Unterricht. Man muß sie verstehen: Sie sind mit den Eltern oder Großeltern hergekommen, ohne daß man sie gefragt hätte, ob sie mitkommen wollen. Sie haben in der Heimat viel zurücklassen müssen, manchmal schon das Mädchen fürs Leben oder gute Freunde, die man gerade in der Jugend findet, und die sie nun wahrscheinlich nie mehr

93

wiedersehen. Sie sind völlig blockiert. Vera bemüht sich dann, mit ihnen zu reden, ihnen das Gefühl zu geben, daß sie sie als Menschen achtet, die selbständige Entscheidungen treffen, und manchmal gelingt es ihr auch, die Blockade zu brechen. Doch in einigen Fällen mußte sie sich schon von dem Teilnehmer trennen, der durchaus nicht lernen wollte und nur daran dachte, durch Schwarzarbeit schnell zu Geld zu kommen. Aber solche Fälle gibt es zum Glück nur zwei oder drei im Jahr.

Ein anderer Fall macht ihr mehr zu schaffen. Daß auf Toleranz an der Friedländer-Schule, wo so viele Menschen aus verschiedenen Nationen zusammenkommen, der größte Wert gelegt wird, ist selbstverständlich. Aber es gibt auch eine Grenze für Toleranz. Kürzlich hat sich Vera von einem schon älteren Teilnehmer trennen müssen. Dieser Baldur hatte schon zu Beginn des Kursus', wenn sich die einzelnen Teilnehmer vorzustellen pflegen, damit geprahlt, daß sein Vater SS-Obersturmbannführer gewesen sei. Er habe »nur« Juden und Kommunisten getötet, erklärte er, aber niemals Frauen und Kinder – und dazu stehe auch er. Seine Legende klingt tragisch. Sein Vater und seine Mutter seien in einem sowjetischen Lager erschossen worden. Auch ihn habe man im Lager festgehalten, er sei mißhandelt und gefoltert worden, ehe ihm die Flucht hierher gelungen sei. Stimmt das alles? fragt sich Vera. Viele der Flüchtlinge erzählen Greuelmärchen, weil sie sich dadurch Vorteile zu verschaffen hoffen. Aber wenn es stimmt ... »Dann ist es kein Wunder, daß er bei den Rechten gelandet ist«, sagt Vera. »Daß er Kontakte dorthin pflegt, hat er zugegeben. Ich mußte ihm also klarmachen, daß wir uns trennen müssen.« Sie hatte eine lange Aussprache mit ihm. Sie selbst käme aus einer jüdischen Familie, sagte sie ihm, deren sämtliche Mitglieder umgebracht wurden – von Menschen, wie sein Vater einer war. Daß er, Baldur, der offenbar seinen Vater verehre, sich an ihrer Schule befinde, belaste sie sehr. Zum Glück zeigte der junge Mann Verständnis, und sie

94

trennten sich im Einvernehmen. Vera war ungeheuer erleichtert. »Wenn er geblieben wäre«, sagte sie, »das hätte ich
nicht verkraftet!«

Vera, die der Schule ihren Mädchennamen verliehen hat,
den sie auch als Autorin führt, begreift sich als Jüdin. Den
Juden sagt man nach, daß sie einen ausgeprägten Familien-
sinn haben. Wer Vera mit ihren Söhnen und den Schwie-
gertöchtern erlebt, kann dies voll bestätigen. Mit allen lebt
sie in Harmonie. Alle geschäftlichen Probleme werden gemeinsam besprochen, und im Privaten übt sie die Toleranz,
die sie auch im Schulbetrieb zum obersten Gesetz erhebt.

Daß sich Vera hin und wieder zu uns gesellt, verdanken
wir der Tatsache, daß sie – neben ihrer enormen Belastung
durch die Schule – doch wieder ein paar Erzählungen geschrieben hat. Sie spielen in der Vergangenheit und bewegen uns wie alles, was wir bisher von ihr kennen. Doch
einen Verleger hat sie lange nicht finden können. Literatur
– wirkliche Literatur – wird mißachtet in einer Zeit, da alles nach Mark und Pfennig bewertet wird, und wer überleben will, tut gut daran, sich nach einem anderen Erwerbs-
zweig umzusehen, wie es uns Vera vorgemacht hat. Wir
bewundern sie, unsere »Unternehmerin«. Aber wer von uns
könnte ihr, der Sprachwissenschaftlerin, schon nacheifern?
Und wäre das überhaupt wünschenswert? Wir sind Autorinnen. Da wir die Begabung haben, Bücher zu schreiben,
sollten wir es auch tun.

1996

Ein honettes Paar

Schreiben ist Therapie. Wenn ich schreibe, denke ich nicht an mein Alter, an meine Behinderung. Ja, wenn ich tagelang allein bin, so wie jetzt, kann ich mir einbilden, daß dies gut für mich sei, da ich durch keinen Besuch, keine Unterhaltung abgelenkt werde. Auch auf die Straße kann ich mich nicht mehr wagen, da seit Tagen eine klirrende Kälte herrscht; Frostwetter, unterbrochen von Schneeschauern, die die Wege in eine Eisbahn verwandeln. So bin ich auf meine vier Wände verwiesen, und nur im Traum erlebe ich es immer wieder, daß ich leichtfüßig durch die Gegend renne, vorbei an Getreidefeldern, die mir ihre Halme wie Arme entgegenstrecken; daß ich über Wurzelwerk springe oder Wanderwege durchlaufe – bis ich plötzlich aus meinem Traum erwache, weil mich der Rücken schmerzt und die Blase drückt und ich mich vorsichtig aus meinem Bett erhebe und versuche, auf die Füße zu kommen, um mich an den Möbeln entlangzutasten bis zu dem bestimmten Ort, bevor ich vorsichtig ins Bett zurücktappe, Schritt für Schritt, wie es sich für einen Menschen geziemt, der auf einmal wieder spürt, wie alt er ist. Ach, und krampfhaft versuche ich jedesmal wieder, in den glücklichen Traum zurückzusinken, was aber nie gelingt.

Neulich habe ich, träumend, wieder mal den Wald durchlaufen, der dicht neben unserem Grundstück lag, »nur einen Steinwurf entfernt«, sagte meine Mutter immer, wo ich so oft mit meiner Enkelin in ihren Ferien umhergestreift bin, um Pilze zu suchen oder einfach nur so. Um in den Wald zu gelangen, mußten wir an Radkes Häuschen vorbei, und auch sie sah ich im Traum; leibhaftig standen sie vor mir: Vater Radke in seiner alten Joppe, die kalte Pfeife im Mund, und neben ihm »Tante Radke«, wie wir sie nannten, mit ihrem roten Gesicht, dem hohen Busen und den stämmigen Beinen, in denen sich schon damals das Wasser staute, das später bis zu ihrem Herzen stieg und zu ihrem Tode führte. Auch Vater Radke, das wußte ich wohl, war schon lange tot, aber damals war er unser guter Geist. Er besaß einen Schlüssel zur Pforte, die zu unserem Grundstück führte, so daß er jederzeit dort ein- und ausgehen konnte, denn er pflegte das Anwesen während unserer Abwesenheit. Er säte und pflanzte die Blumen, mähte den Rasen und flickte den Zaun, wo es nötig war; alles Hantierungen, die ich nie gelernt hatte oder die zu schwer für mich waren. Ja, während eines Sommers mußte er sich viele Nächte um die Ohren schlagen, um den Marder zu fangen, der in unserem Dachboden saß und uns in Angst und Schrecken versetzte, weil wir doch nicht wußten, daß es ein harmloser Marder war, der dort sein Unwesen trieb; wir hielten das laute Rumoren, das uns aus dem Schlaf riß, für das freche Gebaren von Einbrechern, die uns ans Leben wollten. In panischer Angst raffte ich schließlich unser Bettzeug zusammen, um es ins Auto zu tragen, wo wir uns sicherer fühlten. Von hier aus wurden wir Zeuge, wie Vater Radke bedächtig seine Fallen aufstellte, die jedoch lange nicht zu dem erhofften Ergebnis führten, bis eines Nachts, es war gerade Vollmond, der Marder doch sein Versteck verließ und, gefolgt von der Marderin und mehreren Marder-Kindern, an der Falle vorbei in die Freiheit entschwand: eine Großfamilie also, jetzt konnten wir uns das laute Gepolter auf unserem Dachboden endlich erklären!

Vater Radke hat uns auch von den Wespen befreit, die

uns jedes Jahr im August in Panik versetzten, wenn sie die Marmeladentöpfe und unsere Köpfe umschwirrten und sich durch keine Abwehrbewegungen unsererseits verscheuchen ließen. Auf unsere Hilferufe eilte Vater Radke schließlich mit der Leiter herbei, stieg hinauf und verstopfte das Loch mit Werg, so daß wir endlich unsere Ruhe hatten. Ohne Vater Radke, das wußte ich wohl, wäre ich damals verloren gewesen. Nie hätten wir, ohne ihn als Retter im Rücken, gewagt, dort die Ferien zu verbringen, in Einsamkeit, denn auch die Nachbarn rechts und links ließen sich selten sehen, und falls sie doch einmal da waren, zeigten sie sich mürrisch und unzugänglich. Schutzlos wären wir dem Eindringen von Dieben und von Wildschweinen, die damals überhand nahmen und bis auf die Grundstücke vordrangen, ausgeliefert gewesen, hätte nicht Vater Radke Tage damit verbracht, Fensterläden zu zimmern, hinter denen wir uns verbarrikadieren konnten, und diebessichere Schlösser einzubauen, die damals schwer zu bekommen waren und die er doch aus geheimnisvollen Quellen für uns herangeschafft hatte. Vater Radke zuliebe nahmen wir auch seine Frau in Kauf, Tante Radke, die dralle Person, die jedesmal sofort, kaum daß wir aus der Stadt angereist waren und unser Gepäck abstellten, mit dem Ruf »muß Ihnen doch mal besuchen, Frau« zu uns herüber kam, watschelnden Schrittes, so rasch ihre unförmigen Beine sie nur tragen wollten und mit wehendem Rock, der auf dem Sandboden eine lange Spur hinterließ. Unaufgefordert holte sie sich sofort einen Stuhl heran und ließ sich darauf nieder, schweratmend wie eine Marathonläuferin, die gerade ihr Ziel erreicht hat, und mit einem erwartungsvollen Blick auf uns: Na, nun erzählt mal, was gibt es Neues? Doch bevor wir zu einer Antwort anheben konnten, legte sie schon selber los, immer dieselbe Litanei: Um Klatschgeschichten ging es und um Krankheiten, die eigenen und die von anderen – bis sie plötzlich mit dem Schreckensruf: »Ach herrjeh, meine Kartoffeln verbrennen!« sich auf ihre Pflichten besann, in wilder Hektik aufsprang und uns verließ, zu unserer ungeheuren Erleichterung ...

Ja, Tante Radke war eine Zumutung, aber wir ertrugen sie um Vater Radkes willen, auf den wir nicht verzichten konnten. Und doch habe ich eines Tages seine Gunst verspielt und mir seine lebenslange Feindschaft eingehandelt. Doch davon soll später die Rede sein.

Ich kannte die Vorgeschichte des Ehepaares wenig. Ich wußte lediglich, daß sie erst seit Anfang der fünfziger Jahre hier wohnten und daß sie, wie aus ihrer Anmeldung hervorging, aus der Uckermark stammten. Sie waren kinderlos und offenbar ohne weiteren Anhang, denn weder sah man je einen auswärtigen Besucher bei ihnen, noch pflegten sie selbst zu Verwandten oder Bekannten irgendwohin zu fahren. Sie lebten völlig zurückgezogen, so daß es nicht einmal Else Paschke, unserer Ortschronistin, gelang, Aufregendes aus ihrer Vergangenheit in Erfahrung zu bringen. Als ich das Ehepaar kennenlernte, war Vater Radke schon Rentner. Im Ort war das Paar wohlgelitten, weil es niemandem zu nahe trat und als redlich und arbeitsam galt. Vater Radke hielt sein Grundstück in vorbildlicher Ordnung, so daß er einmal im Wettbewerb »Der schönste Garten« sogar den ersten Preis gewann. Wenn irgendwo in der Siedlung jemand gebraucht wurde, der zuzupacken verstand, konnte man auf ihn bauen, denn er verdiente sich gern durch Scharwerkerei ein paar Groschen zur Rente hinzu. In guten Jahren verkaufte er Obst und Frischgemüse aus eigener Ernte an die Wochenendler, die nach seiner Ware lieber griffen als nach der aus dem dörflichen Konsumladen.

Auch mein Verhältnis zu den Radkes beschränkte sich vornehmlich auf Geschäftliches. Vater Radke berechnete mir für seine Pflegearbeiten einen Stundenlohn, der unter dem üblichen lag, so daß ich mich oft bemüßigt fühlte, den Betrag zu seinen Gunsten aufzurunden. Auch Tante Radkes Dienste nahm ich gern in Anspruch, weil sie geschickt mit Nadel und Faden umgehen konnte und Änderungen vollführte, für die sich gelernte Schneiderinnen oft zu schade dünken. Ein- oder zweimal jeden Sommer lud ich die zwei zu mir ein zu einem Kaffeeklatsch. Sonst hielten wir Distanz.

Um so verwunderter war ich, als Tante Radke eines Tages – es war im Sommer 1975 – mit einem besonderen Anliegen zu mir kam: Ob ich sie und ihren Mann mit dem Auto nach K. fahren könnte? Das sei ein Dorf bei Templin, wohin die Fahrverbindung leider so ungünstig sei, daß sie nicht an einem Tag hin und zurück gelangen könnten. Sie hätten dort Dringendes zu erledigen, das keinen Aufschub erlaube. Natürlich sagte ich zu, und schon Anfang der nächsten Woche machten wir uns auf den Weg. Die Fahrt verlief schweigsam. Ich hatte die beiden im Fond plaziert, denn ich wollte mich durch Tante Radkes Mundwerk nicht vom Fahren ablenken lassen; doch meine Befürchtungen erwiesen sich als überflüssig. Denn nachdem ich Tante Radke die einsilbige Mitteilung entrungen hatte, daß sie »kurz vor dem Zusammenbruch '45«, wie sie sagte, einige Jahre in der Familie ihres Mannes in K. verbracht hatte, hüllte sie sich in Schweigen, das sie erst kurz hinter Templin wieder brach, um mir kurze Hinweise betreffs des Weges zu geben. Bald war das Dorf erreicht; ein Ententeich, im Halbkreis von Katen umgeben, und in der Mitte die Kneipe »Zur gemütlichen Herberge«, vor der ich schon anhalten wollte. Mittagszeit war vorüber, sollten wir nicht eine Kleinigkeit zu uns nehmen? Aber Tante Radke drängte zur Eile: weiter, weiter ... Sie dirigierte mich um einen See herum, der von sanften Hügeln umgeben war, und danach schlängelte sich der Weg, an einigen Gehöften vorbei, direkt auf den Friedhof zu. Hier war sie am Ziel. Zusammen mit Vater Radke, den sie untergefaßt hatte, ging sie zielstrebig zu der kleinen Kapelle, bog dann aber in scharfem Winkel nach rechts ab, um vor einer Reihe ganz ähnlich gestalteter Grabstellen stehenzubleiben, die aussahen, als hätte ein und dieselbe Hand sie angelegt nach ein und demselben Muster.

Und so war es wohl auch. Dreiundzwanzig Hügel zählte ich, die alle am Kopfende das gleiche Holzkreuz trugen, Äste aus Birkenholz, roh zusammengenagelt, und auf allen las ich den gleichen Namen: *Radke*; nur die Vornamen und das Geburtsjahr waren unterschiedlich. Aber als das Sterbejahr war überall das gleiche eingeritzt: *1945*! Es gab Gräber von Kindern, sah ich voller Entsetzen, die nur zwei Jahre, vier Jahre, sieben Jahre hatten leben dürfen, bis der Tag im April 1945 ihr kurzes Dasein beendet hatte. Was war hier geschehen? Ich suchte den Blick meiner Nachbarsleute. Tante Radke hielt ihr Gesicht hinter einem Tuch verborgen. »Die Russen«, sagte sie schluchzend, »wir durften uns doch nicht ergeben. Da sind wir alle in den See gegangen ...« Nur sie selbst, erfuhr ich später, und ihr Mann, der damals beim »Volkssturm« war und das Dorf noch zuletzt vom Feind hatte befreien wollen, waren gerettet worden, weil ein Boot mit sowjetischen Offizieren sie aufgefischt hatte.

Wir hielten uns nicht lange auf dem Friedhof auf, diesem Ort des Grauens, der für das Ehepaar so furchtbare Erinnerungen barg. Wie konnten sie überhaupt noch weiterleben? Wie vermochten sie früh aufzustehen und sich abends schlafen zu legen, obwohl sie doch so schwere Last mit sich schleppten? Waren sie nicht die Mörder ihrer Kinder geworden, die sie gezwungen hatten, sich an den Händen zu fassen und in den See zu gehen, weiter und weiter, bis ihre Füße keinen Grund mehr faßten? Hatten nicht einmal die Schreie der Kinder sie zur Vernunft bringen können? Und auch die Geschwister Radke und die alten Eltern lagen nun hier, ruhten seit dreißig Jahren in der kühlen Erde, die Vater Radke gerade mit der Harke aufzulockern begann und von allem Unkraut befreite, bevor er auf dem Heimweg noch die Friedhofsverwaltung aufsuchte, dringender Formalitäten wegen. Meinte er, durch solche Fürsorge gegenüber den Toten seine Schuld sühnen zu können?

Mein Verhältnis zu dem Ehepaar war von nun an gestört. Plötzlich betrachtete ich beide mit Mißtrauen. Waren sie wirklich die unbescholtenen Mitbürger, als die ich sie all die Jahre betrachtet hatte? Sah ich jetzt Tante Radke von weitem, so stellte ich sie mir im Geiste im Kreis ihrer Damen von der Frauenschaft vor, mit denen sie, strickend oder malend und den Führer preisend, um den Kaffeetisch saß. Und Vater Radke – war er am Ende ein strammer SA-Mann gewesen, der den Ort noch fünf vor zwölf nach Deserteuren durchkämmte und die Frauen der Familie in den Selbstmord trieb, damit sie nicht den Russen in die Hände fielen? Ich wußte es nicht, denn wir hatten nie unsere Meinung über Politik getauscht, unsere Gespräche bewegten sich stets nur an der Oberfläche, waren unverbindlich.

Hellhöriger geworden, kamen mir jetzt Klagen zu Ohren. Diesen und jenen aus der Nachbarschaft hatten sie bei ihren Dienstleistungen übervorteilt, hatten mehr Arbeitsstunden berechnet, als sie geleistet hatten; wieder anderen hatten sie bei ihren Verkäufen verdorbenes Gemüse untergeschmuggelt. Nun begann auch ich Vater Radkes Rechnungen genauer zu prüfen. Kürzlich hat er meinen Zaun erneuert. Die alten Pfähle, gutes Buchenholz, hatte ich ihm als Heizmaterial überlassen; ich war im Winter nicht hier, aber er brauchte es. Doch zu meiner Überraschung fand ich jetzt auf seinem Zettel einen Posten, auf dem er mir auch den »Transport der Pfähle zum Haus« in Rechnung stellte. Das war mir nun doch zu viel. Nicht genug, daß ich ihm kostenlos das Holz überließ, sollte ich ihm nun auch noch die Zeit bezahlen, die er brauchte, um das Holz zu sich hinüberzufahren? Ich sagte ihm meine Meinung, die Vater Radke aber nicht anerkannte. Offensichtlich war er verschnupft, und noch am selben Abend schickte er mir durch einen Boten den Schlüssel zu meinem Grundstück zurück – ein deutliches Zeichen für mich, daß er unsere Beziehung für beendet hielt. Und dabei blieb er auch. Nie wieder richtete er ein Wort an mich, und selbst als seine Frau plötzlich verstarb, erfuhr ich die Nachricht nicht von ihm, sondern erst auf Umwegen aus der Nachbarschaft.

Ich war bestürzt über diese Entwicklung, verärgert auch über meine Handlungsweise. Hatte ich es nötig gehabt, unsere Beziehung wegen solch einer Lappalie aufs Spiel zu setzen? Wie oft hatte mir Vater Radke treu zur Seite gestanden. Und jetzt hatte ich mir seine Gunst verscherzt eines geringfügigen Geldbetrages wegen. Aber ging es denn um die paar Mark, die ich leicht hätte verschmerzen können? Nein, es ging um ein Prinzip, um einen eingebildeten Sinn für Gerechtigkeit, dem zuliebe ich die Beziehung zu einem Menschen geopfert hatte. Hätte ich einlenken sollen? Doch auch dazu fehlten mir der Mut und die Kraft.

Mein Grundstück mußte ich nun selber pflegen, was mir nur unzulänglich gelang. Der Rasen verfilzte, das Unkraut schoß in die Höhe, Blumen und Beeren, die mir unter Vater Radkes Pflege üppig zugewachsen waren, verkümmerten zur Mangelware. Schließlich wurde ich der lästigen Pflichten überdrüssig und verkaufte das Anwesen, wenige Monate vor der Wende, die seinen Wert plötzlich um das Zehnfache ansteigen ließ. Doch wer hätte diese Entwicklung voraussehen können?

Der neue Besitzer ließ das Häuschen abreißen und errichtete einen Palast, der die ganze Breite des Grundstücks einnimmt und in seiner Protzigkeit so abstoßend wirkt, daß ich immer, wenn mich mein Weg in diese Gegend führt, einen weiten Bogen um das Stück Erde mache, das mir jahrzehntelang eine Heimat gewesen war.

Nur meine Träume führen mich immer wieder hin. In ihnen streife ich durch den Wald, der dicht hinter Radkes Häuschen beginnt, und sonne mich auf meinem ehemaligen Lieblingsplatz unter den Birken, während Vater Radke neben mir die Wege harkt und Tante Radke watschelnden Schrittes und mit dem Ruf: »Muß Ihnen doch mal besuchen, Frau!« mir auf dem sandigen Weg entgegenschlurft ...

1997

103

Eine KGB-Agentin?

Ein Anruf am frühen Morgen. Eine mir unbekannte weibliche Stimme, verhalten: Sie wolle mir mitteilen, daß Salo verstorben sei. Wir seien doch befreundet gewesen? Sie halte es für ihre Pflicht, mich in Kenntnis zu setzen. Leider habe sie mich ja nie persönlich kennengelernt. – Ein leichter Vorwurf? Tatsächlich ist es schon Monate her, daß ich das letzte Mal mit Salo gesprochen habe, und auch da nur am Telefon. »Wer – wer sind Sie?« presse ich endlich hervor. »Eine Nachbarin?« – »Eine gute Freundin von Salo«, sagt die Stimme wieder. »Salo war schwerkrank, wie Sie wahrscheinlich wissen. Ich habe sie lange gepflegt. Kürzlich mußte ich sie ins Krankenhaus bringen. Den Termin für die Trauerfeier teile ich Ihnen noch mit.« Sie legt auf, ehe ich etwas fragen oder erwidern kann.

Salo, meine Jugendgefährtin. Wieder eine weniger, die mir nahe stand. Allerdings waren wir nie das, was man wirkliche Freundinnen nennt. Unsere Beziehung ähnelte eher der zwischen Geschwistern, die bei jedem Wiedersehen, auch nach langer Trennung, sofort wieder die alte Vertrautheit fühlen. Auch uns verbanden vor allem Erlebnisse aus der Jugendzeit. Im Kreis von Jungkommunisten hatten wir uns kennengelernt. Zusammen hatten wir Fahrten unternommen, Flugblätter verfaßt, vor den Fabriktoren demonstriert.

Einige Zeit lang hatten wir sogar denselben Genossen geliebt. Dann hatte uns der Faschismus auseinandergebracht. Salo emigrierte nach England, später hörte ich, daß sie, die gebürtige Litauerin, die sowjetische Staatsbürgerschaft angenommen hatte und in Moskau lebte. Von dort kamen verzweifelte Briefe an Freunde, die sie in der englischen Emigration gefunden hatte, und die schon vor Jahren in die DDR zurückgekehrt waren. Nach langen Hin und Her gelang es diesen Freunden, auch Salo herzuholen, und erst da habe ich sie wiedergesehen. Nach beinahe vierzig Jahren. Inzwischen waren wir beide alt geworden.

Ich wußte, daß Salo krank war. Schon in Moskau hatte sie an Krebs operiert werden müssen, und neuerdings klagte sie über erneute Schmerzen im Oberbauch, ohne daß die Ärzte etwas Ernsthaftes feststellen konnten. Aber sie fürchtete, an der Parkinsonschen Krankheit zu leiden, sie konnte ihre Gliedmaßen nicht mehr beherrschen. Ihre Hände zitterten so, daß sie sich scheute, mit mir ins Restaurant zu gehen, weil sie den Löffel mit der Suppe nicht heil zum Mund führen konnte. Da wir weit entfernt wohnten und gegenseitige Besuche immer schwieriger wurden, beschränkten wir unseren Kontakt auf Telefongespräche. Die führten wir allerdings regelmäßig, meist am späten Abend, wenn wir die Tagesneuigkeiten abgehört hatten und unsere Meinung dazu austauschen konnten. Es war eine Freude, mit Salo zu diskutieren. Sie war eine kluge Frau und, anders als ich, theoretisch beschlagen: Marx und Engels, deren Werke sie ins Englische übersetzt hatte, kannte sie wie ihre Westentasche.

Ich hatte zunächst geglaubt, daß sie, nach ihren trüben Moskauer Erfahrungen, vom Kommunismus abgerückt sei, aber das Gegenteil war der Fall. Sie war unglücklich über die neueste politische Entwicklung, die Konterrevolution, wie sie sie nannte, und über die auf Jahrzehnte hinaus vertane Chance, eine Gesellschaftsordnung zu errichten, die nicht nur dem Namen nach sozialistisch war. In letzter Zeit waren unsere Telefonate seltener geworden. Immer war ich es, die die Initiative ergreifen mußte und ihre Nummer wählte; nie kam ein Rückruf von Salo. Schließlich verstummte auch ich. Aber vielleicht, sagte ich mir jetzt, war Salo zuletzt gar nicht mehr imstande gewesen, zum Telefon zu greifen?

Die Trauerfeier fand fünf Wochen später statt, an einem unfreundlichen Märztag. Ich hatte mich schon früh auf den Weg gemacht, irrte auf dem ausgedehnten Friedhofsgelände herum, vorbei an dem Ehrenmal für Rosa Luxemburg und Karl Liebknecht, zu dem wir alljährlich im Januar pilgern, auch heute noch, bis ich endlich die kleine Kapelle fand, vor der wir uns einfinden sollten. Doch noch war niemand da, glaubte ich, da ich unter dem Häufchen Trauernder, die in einer Ecke des Raumes beieinander standen, kein bekanntes Gesicht erspähte. Ich kannte ja Salos engste Freunde, die sich früher zu ihren runden Geburtstagen zusammengefunden hatten: den bekannten Musikprofessor und seine Frau sowie eine Lektorin aus einem Verlag, mit dem Salo lose in Verbindung stand. Aber auch diese Drei waren inzwischen sehr alt, wohnten zudem weit im Süden Berlins und scheuten wohl den weiten Weg hierher. Oder hatte ich mich etwa im Termin geirrt? Während ich noch – unschlüssig – überlegte, wohin ich mich mit der Bitte um Auskunft wenden könnte, kam aus der Menschengruppe eine Gestalt auf mich zu, eine auffällige Erscheinung, wie man so sagt: Ihre Beine steckten in hohen Schaftstiefeln, der Rock reichte ihr knapp bis ans Knie, unter dem tiefschwarzen Hut quoll eine Fülle brandroter Haare hervor, die das Gesicht halb verdeckten, so daß man ihr Alter schwer schätzen konnte. Doch dem Jahrgang nach, sann ich, könnte sie gut Salos Tochter sein. Aber Salo hatte keine Tochter, ihre Kinderlosigkeit war immer ihr stiller Kummer gewesen. Und nun hatte sie sich, schwerkrank wie sie war, an diese Person geklammert, die sich mir soeben als »Lisette, Salos Freundin, die Sie angerufen hat« zu erkennen gab? Ich konnte es mir schwer vorstellen. Salo war menschenscheu, sie schloß sich schwer an; auch in den verschiedenen Wohnungen war sie nie mit Nachbarsleuten in nähere Beziehung getreten. Und ausgerechnet dieser »Halbweltdame« sollte sie in letzter Zeit ihr Vertrauen geschenkt haben?

Gerade winkte uns eine Angestellte der Friedhofsverwaltung, ihr ins Innere der Kapelle zu folgen, und wir gehorchten, nachdem wir uns in aller Eile miteinander bekanntgemacht hatten. Eine Abgesandte des Bundes der Antifaschisten war gekommen sowie einige Nachbarn aus Salos Wohnbezirk. Eine Frau neben mir hustete verhalten in ihr Taschentuch; der Ton hallte in der beklemmenden Stille von allen vier Wänden wider. Wir hatten uns kaum auf die beiden vorderen Bänke verteilt, als schon aus dem Hintergrund eine klare Stimme erklang. »Salomea Rjadowskaja«, skandierte sie, »geboren am 15. Mai 1912, gestorben am ...«, und es folgte das Datum ihres Sterbetages. Danach war wieder Stille. Wir saßen erwartungsvoll. Würde jetzt Musik ertönen, und sei es auch nur vom Tonband? Oder würde ein Redner ein paar Worte der Erinnerung sprechen? Doch nichts dergleichen geschah. Nach mehreren Minuten, die uns eine Ewigkeit dünkten, erschien in der Eingangstür wiederum die Friedhofsfrau. Gemessenen Schrittes durchmaß sie den Raum, an sämtlichen Bankreihen vorbei, bis zu dem kleinen Podest, wo ein Ständer mit der Urne stand, die sie jetzt hastig von den Blumen befreite, bevor sie sie mit den Händen zu sich herunterholte und an uns vorbei zum Ausgang trug. Hier verharrte sie einen Moment, um auf uns zu warten.

Wir hatten endlich begriffen, daß die ganze Zeremonie schon beendet war, beeilten uns, die verschmähten Blumen wieder aufzuraffen und gingen hinter der anderen her, einige Gartenwege entlang bis zu einer Stelle, wo die Gärtner die Grube für die Urne schon gegraben hatten. Hier gab es erneut eine Stockung; und erst nachdem sich die Urnenträgerin vergewissert hatte, daß wir ihr gefolgt waren, senkte sie das Gefäß hinein und trat ein paar Schritte zurück, um nun auch uns die Gelegenheit zu verschaffen, Salo unsere Blumenspende nachzuwerfen. Damit war der Trauerakt beendet. Wir konnten gehen.

Wir beschlossen jedoch, uns noch irgendwo eine Weile zusammenzusetzen. Keiner verspürte Lust, nach diesem ernüchternden Zeremoniell, das sich in unbotmäßiger Eile vor uns abgespult hatte, schon auseinanderzugehen. War dieser Ablauf wirklich in Salos Sinne gewesen? Wollte sie, daß wir so emotionslos von ihr Abschied nahmen? Der Zufall wollte es, daß ich im Café neben eine Frau zu sitzen kam, die mir gestand, daß sie, eine gebürtige Russin, Salo überhaupt nicht persönlich gekannt habe; nur ihr Mann habe kurzzeitig in einem Archiv mit ihr zusammengearbeitet. Eines Tages habe sie die überraschende Nachricht erhalten, daß Salo sie in ihrem Testament zur Erbin ihrer russischsprachigen Bücher ernannt habe. »Alle übrigen Bücher, das wissen Sie ja sicher«, sagte Nina, »die große wissenschaftliche Bibliothek hat Lisette übernommen.« – Nein, ich wußte das nicht. Hatte man denn Salos Wohnung bereits aufgelöst? »Ja, Lisette hatte es sehr eilig damit«, erwiderte die Russin. »Salo hatte ihr ja, außer den paar Büchern für mich, ihre ganze Habe vermacht. Aber fragen Sie sie doch selbst. Vielleicht gibt es einiges aus der Hinterlassenschaft, das auch Sie interessiert.« Ja, das stimmte. Ich hätte gern ein Foto von Salo gehabt. Aber als ich mich suchend nach Lisette umsah, war sie nirgends mehr zu entdecken. Offenbar hatte sie sich in aller Stille davongemacht. Ich war enttäuscht, zu gern hätte ich mit Lisette noch ein paar Worte gewechselt. Ob Nina wußte, wie ich sie erreichen konnte? Aber als ich Nina nach ihrer Adresse fragte, lachte sie nur. »Lisette hat sich in Luft aufgelöst«, sagte sie. »Die werden Sie nicht wiedersehen. Wollen Sie meine Version wissen?« Sie beugte sich zu mir herüber und sagte flüsternd: »Sowohl Lisette als auch Salo haben für den KGB gearbeitet. Ja, ja«, fuhr sie eindringlich fort, als sie mein

Befremden bemerkte, »anders hätte Salo gar nicht die Erlaubnis erhalten, von England in die SU überzusiedeln. Übrigens, haben Sie nicht den Mann beobachtet, der an ihrem Grab fotografiert hat?« Ich hatte niemanden bemerkt. Aber Nina erklärte mir, daß sie, als gebürtige Russin, einen sechsten Sinn »für so etwas« habe. »Dieser Mann war vom KGB, so wahr ich Nina heiße«, behauptete sie. »Und Lisette wie auch Salo gehörten zur gleichen Firma.«

Arme Salo! So ist ihr Leben noch zuletzt von einem Geheimnis umwittert? Und Lisette, die sich ihre Freundin nannte, ist eine KGB-Agentin? Ich mag das alles nicht glauben. Aber selbst wenn es stimmt: Ändert das etwas an meinen Gefühlen für Salo? Für mich bleibt sie meine Gefährtin aus den frühen dreißiger Jahren, die Jungkommunistin und treue Kameradin, die wir heute, zu meinem Leidwesen, auf so unwürdige Weise auf ihrem letzten Weg ins Jenseits begleitet haben.

1997

FRIEDHOFSGEDANKEN

Das Ereignis um Salos Tod hatte mich aufgerüttelt. Schon am nächsten Tag suchte ich aus dem Branchenbuch Namen und Sitz eines Bestattungsinstituts heraus. Ich wollte Vorsorge treffen. So sang- und klanglos, im wahrsten Sinne des Wortes, wie wir uns von Salo verabschiedet hatten, sollte man mich eines Tages nicht unter die Erde bringen. Und war es nicht am sichersten, wenn ich meinen Angehörigen genaue Hinweise gab, wie sie den Trauertag gestalten sollten? Mein Anruf wurde wohlwollend entgegengenommen. Ja, man verstünde durchaus. Man würde umgehend einen Mitarbeiter zu mir schicken. Das hieße ja keinesfalls, daß es bereits pressiere. Man wünsche mir im Gegenteil ein langes Leben. Aber jeder könne ja heutzutage ein jähes Ende treffen, man denke nur an den immer rasanter werdenden Autoverkehr. Daher begrüßten sie es durchaus ... Ich hinterlegte schleunigst meine Adresse und legte auf.

Der Mitarbeiter erschien noch am selben Tag. Schon auf den ersten Blick sah man, daß der dunkle Anzug mit steifem Kragen, in den er sich gepreßt hatte, schlecht zu ihm paßte. Sicher war er erst nach der Wende in diesen Beruf geglitten. Ja, er sei früher beim Personenschutz gewesen, gestand er freimütig, während er schon eilfertig Prospekte aus der Mappe zog. Dann sei er ja sozusagen im Metier geblieben, spottete ich. Früher hätte er die Lebenden um-

110

sorgt, jetzt die Toten. Beide Dienstleistungen seien durchaus ihres Lohnes wert. Also was den Lohn betrifft, wollte er einwenden, doch ich winkte ab. Ich wollte die Angelegenheit so rasch wie möglich hinter mich bringen. Zu welchem Sarg er mir denn rate? Wir einigten uns rasch auf Eiche, weil der, nach Aussage meines Gewährsmannes, am haltbarsten sei. Allerdings koste er runde zweitausend Mark. Dazu addierte er mehrere Nebenkosten: für das Bestattungskleid, die Einbettung, das Sargbouquet, für Erledigung der Formalitäten, für Hausbesuche (des Arztes, der den Totenschein ausstellt), für die Deckengarnitur, für Überführungen (aus der Wohnung oder aus dem Krankenhaus), für Desinfektion, für die Sargträger, für Trauerbriefe und Zeitungsanzeigen (falls ich das wünschte) sowie für den Redner ... Oder würden meine Angehörigen am Sarg sprechen wollen? unterbrach er sich. Ich überlegte kurz. Aber ich wußte wahrhaftig nicht, welcher meiner jüngeren Freunde seelisch stabil genug war, um diese Aufgabe übernehmen zu können. Und den Berufsverband, der sonst einen Nachrufkollegen gestellt hätte, gab es nicht mehr. Also doch einen fremden Redner, der seine Standardsätze vom Stapel ließ? Mein Gesprächspartner besänftigte mich. Nein, nein, sie hätten hochrangige Persönlichkeiten an der Hand: einen Historiker, einen Philosophen sogar ... Aber er kennt mich doch nicht, wollte ich gerade einwerfen, als mir urplötzlich ein blitzartiger Einfall kam: »Könnten Sie uns nicht vorher miteinander bekannt machen?« fragte ich. Natürlich, das wäre die Lösung! Ich würde den erlauchten Redner zu einem Glas Wein zu mir einladen, und wir könnten den Text seines späteren Nachrufs gemeinsam besprechen. Ich war ganz erleichtert über meine Idee, stieß aber, wie ich sofort spürte, auf wenig Gegenliebe. Das ginge leider nicht, sagte der frisch Umgeschulte trübsinnig; so etwas sei in ihrer Geschäftsordnung bisher nicht vorgesehen. Wir einigten uns schließlich darauf, die Frage des Redners erst einmal auszuklammern.

111

Ein weiteres Problem stellte die Wahl des Friedhofs dar, auf dem ich zu ruhen gedachte. Der Friedhof der Prominenten in der Chausseestraße stand neuerdings nur noch den Gemeindemitgliedern offen; eine Ausnahme gab es allenfalls, wenn man Heiner Müller oder Stephan Hermlin hieß. Der Friedhof der Sozialisten war zu entlegen, das Gelände zu weitläufig – auch meine Nachkommen werden älter und würden vielleicht eines Tages nicht mehr dorthin pilgern können. Vom französischen Friedhof, wo Fontane ruht, gab es kein neuzeitliches Angebot. Äußerst preisgünstig sei hingegen ein Friedhof in Weißensee, entsann sich der frühere Personenschützer. Wenn ich ihn mir mal ansehen wolle? Er wäre gern bereit, mich hinzufahren.

An einem windigen Apriltag machten wir uns auf den Weg. Mein Begleiter schien bester Laune zu sein, ich war es weniger. Was suchte ich eigentlich in diesem entlegenen Stadtteil, in den ich zuvor nur selten meinen Fuß gesetzt hatte? Tatsächlich hatte ich bei meinen zahlreichen Wohnungsumzügen den Bezirk Weißensee immer ausgespart; die weit östlich gelegenen Stadtteile, beginnend mit Buch und endend in Marzahn, waren mir fremd geblieben. Mit Berlin-Buch verknüpften mich allenfalls Erinnerungen an die Kliniken, in denen meine Eltern verstorben waren, und Marzahn mit seinen Hochhäusern scheute ich schon wegen meiner Turmphobie. Weißensee, dazwischen gelegen, mit dem vielen Grün und seinen Seen hätte mich als Wohnsitz reizen können, nicht aber die Nachbarschaft der Stasileute, die sich am Ober- und Orankesee festgesetzt hatten. So blieb ich ziemlich einsilbig, bis wir, von der Buschallee in die Piesporter Straße einbiegend, links schon eine Grünfläche liegen sahen, die aber, wie mich mein Begleiter belehrte, zum jüdischen Friedhof gehörte. Unser Ziel, ein weit größeres Gelände, läge schräg gegenüber, und schon sprang mein Mann aus dem Wagen, um die Pforte zu öffnen, durch die wir bis an das Verwaltungsgebäude heranfahren konnten. Plötzlich umfächelte mich milde Waldluft, Tannen säumten die Wege, die, so weit man blicken konnte, sauber geharkt waren, die wenigen Birken dazwischen zeigten schon Frühlingsgrün. Ich atmete tief durch. Hier, dachte ich sofort, konnte man sich heimisch fühlen.

Der Verwalter schien mit meinem Institutsmann schon gut Freund zu sein, und in mir begrüßte er eine Kundin, die zu gewinnen war. Beflissen stapfte er vor uns her, hin und wieder verharrend, um einen besonders günstigen Platz zu offerieren. Durfte es denn eine Wahlstelle sein? Möglichst in Nähe der Kapelle? Oder genügte ein Reihengrab? Die lägen allerdings weiter entfernt, aber auch dafür könne er mir ein vorteilhaftes Angebot machen. Und schon ging er zielstrebig auf eine Grabreihe zu, die offensichtlich erst neu angelegt war. Einige Gräber waren schon bepflanzt und mit einfachen Feldsteinen versehen, in die die Daten der dort Liegenden eingeritzt waren. Dazwischen gab es immer wieder leere Stellen. »Die hier gefällt mir!« rief ich spontan, auf eine Grabstelle weisend, über die eine Weide ihre schützenden Zweige legte. Ja, die sei frei, bestätigte der Verwalter, der schon sein Notizbuch zückte. »Abteilung E, Reihe 2, Nr. 10« trug er ein. Oben im Büro stellte er sogleich die Gesamtrechnung auf. Zuzüglich zu der Grabberechtigungsgebühr, einer Gebühr für die Beisetzung, für die Kapellenbenutzung, für den Organisten sowie für die Grabgestaltung kam ein hübsches Sümmchen von anderthalbtausend zusammen. Ich schrieb sofort den Scheck aus, froh, das leidige Problem so rasch gelöst zu haben.

Einige Tage sonnte ich mich in dem Gefühl, über den Tod hinaus versorgt zu sein. Wie schön zu wissen, wo man einst ruhen würde. Unter der Weide, inmitten von Blumen ... Moment! Wer würde denn immer frische Blumen bringen? Wer würde mein Grab pflegen, das Unkraut zupfen? Konnte ich meinen Nachkommen, die alle in Stadtmitte wohnten, diesen weiten Weg bis zum Rand der Stadt überhaupt zumuten? Warum war ich nicht gefälligst in ihrer Nähe geblieben? Nichts verband unsere Familie mit Weißensee, mit der Piesporter Straße, mit der Trauerweide. Ich muß nicht bei Sinnen gewesen sein, als ich die Vereinbarung unterschrieb.

Aber noch war ich da. Konnte protestieren und annullieren. Gleich am nächsten Tag trat ich – durch Einschreibebrief – vom Vertrag zurück. Bat darum, mir den bereits eingezahlten Betrag zurückzuerstatten.

Die Friedhofsverwaltung gehorchte. Zweiundneunzig Mark von dem Betrag behielt sie ein – als Verwaltungsgebühr.

Und ich beschloß, die Wahl meiner letzten Ruhestätte besser denen zu überlassen, die mich eines Tages dort würden hinbringen müssen.

1997

Ein weltweites Projekt

Es gibt Tage – allerdings werden sie immer seltener –, an denen ich mich wie früher mit dem Kreislauf des Lebens verbunden fühle. Das beginnt schon am frühen Morgen. Ich habe mir gerade das Frühstück bereitet, freue mich auf die Stunde, die mir die liebste des Tages ist: die erste Tasse Kaffee, das Brötchen, die Zigarette, nach der ich mit der gleichen Begierde greife wie nach dem Buch, das aufgeschlagen neben mir liegt und in das ich mich für eine Weile versenken werde, bevor der Alltag mit seinen Anforderungen von mir Besitz ergreift. Da klingelt es draußen Sturm: mein Urenkel Jasper, der Jüngste, vier Jahre alt. »Omi, Omi!« ruft er ungeduldig, als ich nicht sofort zur Tür stürmen kann, um ihm zu öffnen; ich muß mich erst nach dem Stock, meiner Gehhilfe, umsehen, der natürlich mal wieder am Boden liegt. Endlich humpele ich zur Tür, öffne sie so hastig, daß das Bürschchen, das sich dagegen gelehnt hat, mir der Länge nach entgegen fällt. Er steht sofort, ein Stehauf-Männchen, wieder auf den Beinen, verkündet fröhlich, daß er bei mir frühstücken will, bevor Jasmina, wie er seine Mami nennt, ihn in die Kita bringt. Rasch muß ich einen zweiten Teller aus der Küche holen, Saft in den Becher füllen, die Mini-Croissons hervorkramen und mit Butter und Marmelade bestreichen – Hantierungen, die er mit Argwohn beobachtet. Wehe, wenn ich der Einfachheit halber mal auf eine Zutat verzichte, nach dem Pflaumenmus greife, statt nach der Orangenmarmelade. Er hat ganz bestimmte Wünsche, die ich erfüllen muß, will ich mir nicht seine Gunst verscherzen, und ich gebe mir alle Mühe, ihm zu Diensten zu sein. Käme er nur öfter zu mir herüber! Während er die Bissen in den Mund stopft, oft mit beiden Händen nachhilft, bremst er seinen Redefluß nicht einen Moment, und ich lausche beglückt seinem Geplapper, ohne den Sinn zu erfassen. Ich habe mein Hörgerät noch nicht angelegt, und die helle Kinderstimme klingt in meinen Ohren wie Wellengeplätscher, unmöglich, ein einziges Wort oder eine Silbe herauszufiltern; aber kommt es darauf an? Wichtig ist, daß der pralle kleine Mensch hier neben mir hockt, auf seinem Stuhl herumhampelt, nicht eine Sekunde ruhig zu sitzen vermag. Schon rutscht er von der Sitzfläche herunter, rennt zur Vitrine, dem Objekt seiner Begierde, hinter deren Glasscheibe er tausend Geheimnisse wittert; vor allem das Billiardspiel, die Miniatur, hat es ihm angetan. Ob ich ihm erlaube, es hervorzuholen? Oh, er ist gut erzogen, er fragt mich, ich bin gerührt. Rasch räume ich den Tisch ab, um für das Spiel Platz zu schaffen, in das er sich fünf Minuten versenkt, dann hat die Attraktion schon wieder aufgehört, attraktiv zu sein, sämtliche Kugeln liegen auf dem Boden verstreut, und ich werde Tage brauchen, um sie unter dem Farbengewirr des Teppichs wieder aufzuheben. Jasper hat inzwischen die Fotos entdeckt, die offen in einer Kiste herumliegen, weil ich sie endlich einmal in Alben sortieren will, aber nie dazu komme, und nun ist des Fragens kein Ende. »Ist dies Mami-Jasmina? War sie denn auch einmal so klein?« Und dort entdeckt er Nonna, seine Oma, sie lehnt am Hochzeitsauto. Der Mann neben ihr ist Dario, den er nicht mehr kennengelernt hat. Überhaupt sind viele schon tot, deren Fotos er mir entgegenhält: hier meine Eltern auf ihrem Grundstück in Zühlsdorf. Und dies war mein Bruder. In Uniform. – »Dein Bruder?« fragt Jasper aufhorchend.

Auch er hat einen Bruder, den Jonas. »Wohnt dein Bruder nicht hier?« fragt er mich. »Kommt er dich oft besuchen?« – Ich versuche, seine Aufmerksamkeit abzulenken, zerre ein Familienfoto hervor, auch darauf ist mein Bruder zu sehen, ein pausbäckiger Lockenkopf, ähnlich wie Jasper. Aus dem Krieg ist er heil herausgekommen, später hat er sich totgesoffen. Meine Gedanken eilen voraus, in eine undurchsichtige Zukunft. Was wird sie für Jasper, für Jonas bringen? Jasper ist robust, weiß sich schon heute seiner Haut zu wehren, versteht es aber ebenso, sich Freunde zu schaffen, er ist immer heiter, ein Sonntagskind. (»Sonntagskind« hatte man auch meinen Bruder einmal genannt). Jonas ist stiller, grüblerisch. Um seine Sympathie muß man buhlen, aber ich glaube, es lohnt sich. Er spürt mit der Sensibilität eines Seismographen, wer es gut mit ihm meint. Aber wird der Empfindsame im Leben bestehen können?

Jaspers Interesse an den Fotos beginnt bereits wieder zu erlahmen. Viel lieber turnt er auf meinen Sesseln herum, setzt sich rittlings auf die Lehne, läßt sich kopfüber nach unten fallen, so daß ich erschrocken hinzuspringe, um ihn aufzufangen. Als Jasmina endlich erscheint, bin ich völlig erschöpft, fast am Rande meiner Kraft – als alter Mensch sollte man nicht mehr mit den Kindern toben. Aber die strickende, märchenerzählende Oma oder Uroma gehört der Vergangenheit an; allenfalls kann sie mit ihren Nachkommen vor dem Fernseher sitzen oder eine Kassette einlegen. »Bis morgen also!« rufe ich Jasper noch nach, doch das Jüngelchen, schon auf der Treppe, sagt über die Schulter hinweg, wichtig: »Morgen bin ich bei Mischka.« Ach so. Mischka ist sein Vater, mit dem Jasmina nicht mehr zusammenlebt.

Die Toleranz der jungen Leute zwingt mir Hochachtung ab. Wie unkompliziert sie ihr Leben gestalten! Als es mit dem Paar nicht mehr stimmte, haben sie sich in aller Güte getrennt, Mischka bezog eine eigene Wohnung, und einmal in der Woche und jedes zweite Wochenende sind die

Kinder bei ihm. Ja, auch Jonas, den Jasmina in die Gemeinschaft schon mitgebracht hatte und dessen leiblicher Vater sich wenig um ihn kümmert. Für ihn ist Mischka der Vater, und Jonas ist für Mischka wie der eigene Sohn. Ich bewundere Mischka, den zur Zeit arbeitslosen Musiker, der einen großen Teil seiner brachliegenden Aktivität an die Kinder verschwendet, mit ihnen ins Grüne fährt, zum Baden, zum Skilaufen, auf den Fußballplatz. Ich äußere meine Anerkennung auch Jasmina gegenüber. Wie schön, daß sie zeitweise von der Sorge um die Kinder entlastet ist. Sie ist anderer Ansicht. Das sei doch selbstverständlich, erwidert sie, selbstverständlich, daß sich auch die Väter der Kinder annähmen. Solle Kindererziehung denn ewig Sache der Frauen bleiben? Sie hat recht, und doch sieht die Wirklichkeit meist anders aus.

Dieser Tag bringt noch weitere Überraschungen. Juliane, die wieder mal aus Italien zurückgekehrt ist, wurde plötzlich von Sehnsucht nach ihren Enkeln befallen und kündigt telefonisch an, daß sie vorbeikommen wird. Vorbeikommen, das heißt gewöhnlich, daß sie Jasmina besucht, die mit mir auf derselben Etage wohnt. Für mich fällt dabei meist nur eine flüchtige Begrüßung ab und das Versprechen, demnächst auch für mich einmal Zeit zu haben. Diesmal ist alles anders. Meine Tochter klingelt zuerst bei mir und eröffnet mir, daß sie vorhabe, später bei mir Kaffee zu trinken; es gäbe viel zu erzählen. Ob es mir passe? Solche Frage! Ich kürze meinen Mittagsschlaf ab, decke den Kaffeetisch, bin ganz Erwartung. Was sie mir wohl zu erzählen hat? Ob sie in Viareggio gewesen ist? Dort wohnen ihre früheren Schwiegereltern, die lieben Alten, die sich noch immer nicht mit dem Freitod ihres Sohnes Dario abfinden können. Der Vater hat sich in eine Sekte geflüchtet; in spiritistischen Sitzungen versucht er, mit seinem Sohn im Jenseits ins Gespräch zu kommen und zu erfahren, was letztlich zu dessen Entschluß geführt hat, den er tief verachtet. Die Mutter läuft tagtäglich zum Friedhof, kniet nieder vor der grellweißen Wand, die von zahllosen offenen Fächern unterbrochen wird, die die Urnen mit der Asche der Toten enthalten. In einem der Fächer befindet sich auch Darios Asche. Die Mutter spricht ein kurzes Gebet, reckt sich dann in die Höhe, um ihre Blumen an dem in der Nähe befindlichen Mauervorsprung abzulegen, und wendet sich langsam zum Gehen. Braucht sie diese Besuche, die sie bei Wind und Wetter unternimmt, für ihren Seelenfrieden?

Aber Juliane hat sich diesmal den Umweg über Viareggio erspart, ist auf direktem Wege zur Ölmühle gefahren, von der sie jedoch nichts Erwähnenswertes zu berichten weiß. Alles laufe dort wie immer, werde aber, wie ich wüßte, nicht mehr lange laufen. Denn übers Jahr seien sie die Mühle los, auch das Schlitzohr könne nicht länger bleiben, weil der Besitzer, ein Italiener, das ganze Objekt verkaufen wolle, und zwar zu einem Preis, den kein Ossi bezahlen könne. Man müsse sich also beizeiten nach etwas Neuem umsehen.

Um von dem neuen Objekt zu berichten, das sie aufgespürt hat, für das sie schon viele Interessenten hat erwärmen können, die alle bereit sind, zehn- oder fünfzehntausend Mark für die Renovierung des Hauses hinzublättern, das ein multikulturelles Zentrum werden soll, eine interkulturelle Begegnungsstätte, sitzt sie jetzt hier, konsumiert schon die dritte Tasse Kaffee und steckt eine Zigarette an der anderen an. Und mir kommt es so vor – wie immer, wenn meine Tochter erzählt –, als träten die engen Wände meiner Behausung zurück und öffneten mir den Blick auf den Horizont. Woher kommt diese Verzauberung? Wie erreicht sie das? Wieder wird mir bewußt, wie grundverschieden wir beide sind. Juliane gerät mehr ihrem Vater nach. Auch er war begeisterungsfähig, steckte meist voller Pläne, die er aber in der Nazizeit nicht verwirklichen konnte. Der heutigen Generation steht die Welt offen, vorausgesetzt, sie verfügt über das nötige Geld. »Glaubst du denn«, frage ich vorsichtig, »daß du die Summe für die teure Renovierung zusammenbekommst?«

Juliane zählt alle ihre Interessenten auf. Da ist zunächst Heide, die Ökonomin; ihren nüchternen, kühl abwägenden Sinn wird man gut brauchen können. Allerdings hat Heide, die, wie so viele, jetzt arbeitslos ist, zum Glück aber noch einen Mann hat, der in Arbeit steht, zur Zeit kein Geld. Doch im nächsten Jahr meint sie, den Betrag zusammen zu haben. Ein Bibliothekar ist dabei, der bald in Rente geht und seinen Wohnsitz dann ins Ausland verlegen will; ein Keramiker, der in der unteren Etage eine Töpferwerkstatt einrichten möchte; ein Saxophonspieler, der für sein Musikerensemble dringend einen Unterschlupf sucht, und Vera, die Sprachwissenschaftlerin, die in Italien eine Filiale ihrer Sprachschule für Ausländer, die sie nach der Wende gegründet hat, einrichten will. »Und dann«, schließt Juliane ihre Aufzählung, während sie mich aufmunternd ansieht, »haben wir natürlich auch an dich gedacht, Mutter.«

Meine langsam aufkeimende Erwärmung für das Unternehmen schlägt in Abwehr um. Ich denke an die Ölmühle. Soll ich wieder um ein paar Tausender erleichtert werden für eine Sache, deren Verwirklichung noch im weiten Felde liegt, so daß ich sie aller Voraussicht nach gar nicht mehr erleben werde? Alles in mir sträubt sich gegen die Vorstellung. »Auf mich kannst du nicht rechnen«, sage ich kalt. »Nein, ich beteilige mich nicht. Ich denke gar nicht daran.« Doch schon während ich diese Worte spreche, geht mir auf, daß dann ja auch Juliane aus dem Rennen ist, daß sie, die Initiatorin, die das Märchenschloß in Ligurien entdeckt hat, leider nicht über die nötige Summe verfügt, die sie einbringen müßte. Meine arme Tochter, ich kenne sie nicht anders als arbeitsam. Zu DDR-Zeiten hat sie als Simultandolmetscherin einen Stundenlohn erhalten, für den man keine Putzfrau mehr bekommen konnte, und auch jetzt wird sie als ABM-Kraft in ihrem Frauenprojekt weit unterbezahlt. Nie hat sie daran gedacht, ihre Fähigkeiten in klingende Münze umzuwandeln. Nicht das Geld ist ihr wichtig, sondern immer nur die Arbeit an sich, für die sie sich engagieren kann.

– Und noch etwas anderes geht mir durch den Sinn: Wird meine Tochter nicht sowieso bald über das Erbe verfügen, das ich ihr hinterlassen kann? Ich komme mir plötzlich kleinlich vor. »Wie wollt ihr denn weiter verfahren?« erkundige ich mich vorsichtig, um mein anhaltendes Interesse anzumelden. »Wollt ihr einen Verein gründen? Oder wie geht ihr vor?«

Es zeigt sich, daß die Vorstellungen der Gruppe noch recht vage sind. Vor allem müßte sie zunächst den Grund und Boden sowie das Haus in seinem jetzigen Zustand erwerben, erklärt mir Juliane. Sie hat sich schon mit dem Besitzer auf einen Preis geeinigt, doch gäbe es leider noch andere Reflektanten. Um sich das Haus zu sichern, müsse man umgehend an den Besitzer zweitausend Mark überweisen. Die würden später verrechnet. Ob ich wenigstens die paar Mark für die Option vorläufig auslegen könne? fragt sie zaghaft, und ich beeile mich, sofort zuzusagen, schon um die Scharte von vorhin auszumerzen. Juliane will sich noch in dieser Woche mit allen Interessenten zusammensetzen und mit ihnen beraten, wie es weitergeht. Vielleicht löst sich doch noch alles in Luft auf, hoffe ich im stillen. Es wäre nicht das einzige Luftschloß, das uns in nichts zerrinnt.

Aber es kommt anders. Kaum zwei Tage gehen ins Land, als meine Tochter aufs neue bei mir erscheint. Sie müsse etwas mit mir besprechen, sagt sie geheimnisvoll. Doch bevor sie zur Sache kommt, entwirft sie Zukunftsvisionen. Wenn das Haus einmal stehe, werde man auch eine feste Kraft einstellen müssen, die dort in Italien die Interessen aller vertrete. Was läge näher, als daß diese Kraft Jasmina sei, die so, wie die Verhältnisse nun einmal seien, nach Beendigung ihres Studiums sowieso keinen besseren Job werde finden können. Unten im Haus könne man gut ein Restaurant einrichten, das Jonas und Jasper – heute sieben und vier Jahre alt – einmal leiten könnten. Man werde dort exotische Gerichte anbieten, denn in ganz Italien könne man sonst nur Pizzas und Tortellinis bekommen, so daß die Gäste aus allen Regionen herbeiströmen würden. Das ganze Dorf werde aufblühen. Der Bürgermeister ... »Moment!« stoppe ich ihren Redefluß. »Das ist ja alles noch Zukunftsmusik. Habt ihr denn nun das Geld zusammen, um das Haus zu kaufen?«

Meine Frage zieht eine peinliche Pause nach sich. Juliane holt tief Atem, ähnlich einer Schwimmerin, bevor sie sich kopfüber in die Fluten stürzt, dann rückt sie heraus mit dem Pferdefuß: Also, sie habe mit Heide konferiert. Mit Heide, der Ökonomin, die ihrerseits einen Rechtsanwalt zu Rate gezogen hat. Beide verträten die Meinung, daß es viel zu umständlich sei, schon wegen der Bürokratie, wenn sie alle als Käufer aufträten. Auch für die Grundbucheintragung sei es nützlicher, nur einen Käufer zu nennen ... Wieder entsteht eine Pause, und in mir regt sich ein schlimmer Verdacht. Himmel, sie meint doch nicht etwa ...? Aber es ist so, sie haben an mich gedacht. Und wieder geht es mir so: Je länger meine Tochter auf mich einredet, um so mehr leuchtet mir ein, daß dies vielleicht wirklich *die* Lösung wäre: Die Gruppe soll nur die Summe für die Renovierung zusammenbringen, die wir ihnen übrigens im Laufe der Jahre zurückzahlen werden. Letzten Endes wären wir aber – ich oder meine Erben – eines Tages Besitzer eines Hausgrundstückes, das vielleicht die Existenzgrundlage für die ganze Familie bietet. Schon beginne ich mich mit dem Gedanken anzufreunden. »Um welche Summe würde es sich denn handeln?« frage ich aber doch noch vorsichtshalber. »Ach, um einen Spottpreis«, behauptet Juliane. Die Summe, die sie nennt, würde aber dennoch meine halbe Barschaft verschlingen. Wieder werde ich unschlüssig. »Na, überleg' es dir, Mutter«, sagt meine Tochter nachsichtig. »Wir haben ja die Option erworben. Der Besitzer kurvt zur Zeit in der Karibik herum und ist vor dem Herbst sowieso nicht zu sprechen. Du kannst dir die Sache in Ruhe noch überschlafen.«

Bis zum Herbst werde ich das Für und Wider noch erwägen können? Der Druck, der auf meiner Brust lag, läßt spürbar nach. Die Zeitspanne scheint mir wie eine Ewigkeit. In Wirklichkeit gewährt sie mir lediglich eine Galgenfrist.

1997

LIGURIEN ADÉ

Der Traum von einer multikulturellen Begegnungsstätte
ist ausgeträumt; das Haus in Ligurien ist uns abhanden gekommen. Ich war eigens, um es zu besichtigen (und zu erwerben), nach Nizza geflogen, von wo mich meine Tochter
mit dem Auto abholen sollte, um mich nach Alassio zu bringen, wo ich mich für ein paar Tage einmieten wollte. Doch
statt ihrer kam Dominicus, den ich zwar noch nicht kannte,
von dem sie mir aber schon oft erzählt hatte. Er war der
Neffe des Hausbesitzers und überdies derjenige, der ihr das
Objekt wärmstens empfohlen hatte. Jetzt, auf der 120 Kilometer langen Fahrt, zunächst an der französischen, dann
die italienische Riviera entlang, wies er voller Stolz auf
einige am Wege stehende Häuser, die unter seiner Leitung
restauriert worden waren. Dominicus ist Bauleiter, das
wußte ich schon. Sein Hauptanliegen sei es, das erfuhr ich
erst jetzt, halbverfallene Häuser, deren es hier viele gibt,
im alten Stil wieder herzurichten. Seine Auftraggeber waren vorwiegend Deutsche, die mit der Mark nicht zu knau-
sern brauchten. Mich beschlich, während er sprach, ein ungutes Gefühl. Meine Tochter hatte mir Dominicus als einen
hilfreichen Freund geschildert, der aus reiner Freundschaft
bemüht ist, ihr zu einem Haus zu verhelfen. Aber machte er
durch die notwendig werdende Renovierung nicht selbst

ein Schnäppchen? Als hätte er meine Gedanken erraten, sagte Dominicus eben: Leider könne er es nicht einrichten, bei unserem Haus die Oberaufsicht zu übernehmen, da er mit Aufträgen eingedeckt sei. Aber natürlich könnten die jungen Leute, die wir gewinnen wollten, um bei den Aufräumungsarbeiten zu helfen, jederzeit bei ihm logieren, fügte er hinzu – er bewohne ein großes Haus. Welch großherziges Angebot! dachte ich bei mir, und ich schämte mich, weil mich offenbar mein Skeptizismus wieder mal irregeführt hatte. Von jetzt an, nahm ich mir vor, wollte ich alle Zweifel beiseite lassen und mich ungetrübt freuen, weil es noch Menschen wie diesen Italiener gab, der völlig uneigennützig war, hilfsbereit und solidarisch, wovon ich mich in den nächsten Tagen oft genug überzeugen konnte.

Dominicus kümmerte sich um mich, als ob ich seine leibhaftige Mutter sei. Zunächst lieferte er mich sorgsam in meiner Unterkunft ab, und als er bemerkte, daß ich nicht gut zu Fuß bin, erbot er sich sofort, mich am Tage darauf etwas herumzufahren, damit ich den Ort näher kennenlerne – einen Ort, der mich durch die Architektur seiner Häuser, durch seine engen Straßen und die vielen eleganten Geschäfte darin lebhaft an Dubrownik erinnerte, diese herrliche Stadt, die infolge eines unmenschlichen Krieges sicher für lange Zeit für den Tourismus verloren bleibt. Auch Dominicus schimpfte, während wir weiterfuhren, auf die Kriegsverbrecher und Kapitalisten, die überall auf der Welt nur Unruhe stiften, um zu ihrem Profit zu kommen, und wir verstanden uns, in unserer Sehnsucht nach einer heileren Welt, immer besser. An einem der nächsten Tage fuhr er mit mir in die Berge und in entlegene Dörfer, in denen er überall Freunde hatte, die unbedingt mit einem Glas Wein auf seine (und auf meine) Gesundheit anstoßen wollten. Manchmal setzte er mich in einer der Trattorias ab, bestellte mir einen Cappucino und bat mich um Geduld, da er kurz einen Geschäftspartner begrüßen müsse. Er traf seine Klienten immer in einer der »Bars«, die Bauherren sowohl als auch die Bauarbeiter, mit denen er irgend etwas zu bereden hatte. Sein Büro trägt er, in Gestalt einer dicken Aktenmappe, ständig mit sich herum, während ihm sein Haus, das er nach der Scheidung allein bewohnt, nur als Schlafstatt dient, und das auch nicht oft, denn nach eigenen Angaben führt er wieder ein ungebundenes Leben als Junggeselle, nächtigt mal hier und mal dort. »Aber denken Sie deshalb nicht schlecht von mir«, bat er treuherzig. Er sei kein Don Juan, sehne sich nach der einzigen Frau, die für ihn in Frage käme, wobei ihm Schönheit nicht so wichtig sei wie ein kluger Kopf, denn Schönheit vergehe bekanntlich. Meine Tochter, deren Intelligenz er bewundere, könnte für ihn die Richtige sein, aber sie wolle ihn nicht – leider. So hoffe er nur, sie als gute Freundin bald in seiner Nähe zu wissen.

Juliane war für einige Tage nach Viareggio gefahren, zu den Schwiegereltern. Sicher war das der Grund, warum Dominicus mir »mein« Haus immer noch vorenthielt. Erst nach Julianes Rückkehr holten mich beide zur Besichtigung ab. Zur Feier des Tages hatte sich Dominicus in Schale geworfen, trug Bügelfaltenhosen statt der üblichen Jeans und ein blütenweißes Hemd, das leider seinen Bauch, der sich sonst unter Pullovern versteckte, unvorteilhaft hervortreten ließ. Er kam mir plötzlich fast fremd vor. Der Kumpel schien verschwunden, statt dessen wirkte er wie ein Geschäftemacher, der beflissen seine Ware an den Mann (oder die – unbedarfte? – Frau) bringen möchte. Auch Juliane war merkwürdig einsilbig, längst nicht so redelustig und heiter wie sonst. Offenbar verschwieg sie mir etwas. »Bedrückt dich was?« fragte ich endlich, während Dominicus sein altes Vehikel, ständig laut hupend, in atemberaubendem Tempo durch die Kurven schleuste. Ach wo, es sei nichts, meinte sie kurz, nachdem die gefährlichste Kurve glücklich bezwungen war. Es gäbe nur etwas Ärger mit unserem zukünftigen Nachbarn, der bereits erklärt habe, daß er sein Haus sofort wieder verkaufen würde, falls wir

126

dort einziehen ... »Aber ich glaube, wir sind da«, unterbrach sie sich, da Dominicus soeben verzweifelt einen Parkplatz für sein Auto suchte. »Die letzten paar Meter mußt du leider laufen. Näher heranfahren kann man hier nicht.«

Es galt also wiederum einen beschwerlichen Aufstieg zu bewältigen. Endlich blieb Dominicus stehen: »Hier ist es.« – Ich rieb mir die Augen. »Diese – Ruine hier?« entfuhr es mir. Nein, das konnte nicht sein. Vor uns türmte sich ein mannshoher Berg von Steinen und Felsbrocken, zwischen denen allerlei Kräuterwerk wild in die Höhe schoß. Wahrscheinlich war dies mal der Keller gewesen. Von dem Haus selber war nur noch das Skelett zu sehen; das Mauerwerk war herausgebrochen, an der Ostseite klafften zwei Fensterhöhlen. Juliane, die wohl meine Enttäuschung bemerkte, faßte mich um die Schulter. »Komm mal mit nach vorn«, sagte sie eifrig, »du mußt die Aussicht bewundern.« Wieder ging es über halsbrecherische Holperwege. Aber auch die Sicht, die sich dann vor uns auftat, weit über bewaldete Berge hinweg, die gerade im Sonnenschein lagen, konnte mich nicht versöhnen. Wieviel Schweiß, dachte ich, mußte vergossen werden, ehe die Bewohner einer Terrasse, die vorläufig nur in unserer Phantasie bestand, den Blick auf die Berge genießen könnten! Dazu war das Gelände hier abschüssig, fast unzugänglich für Lastwagen, die den Schutt abfahren und Baumaterial anliefern mußten; die Kosten für die Restaurierung würden ins Unermeßliche steigen. Wieviel Geld (das wir nicht hatten) und Nervenkraft müßten wir hier investieren! Aber konnten wir von dem Kauf nicht noch zurücktreten?

Wir konnten es, aber auf eine Weise, die ich mir an jenem denkwürdigen Tag gar nicht ausmalen konnte. Dominicus' Onkel, der Besitzer von Haus und Grundstück, trat nämlich selber zurück. Unser Nachbar in spe, der so sehr um seine Ruhe besorgt war, die er durch die Ansiedlung einer multikulturellen Truppe mit ihren vielfältigen Aktivitäten (wohl gar nicht zu Unrecht) gefährdet sah, hatte unseren Kaufpreis, der mit dem Besitzer fest vereinbart war, um etliche Tausender überboten – und uns damit aus dem Rennen geworfen. Der Onkel ließ sich gar nicht mehr bei uns sehen. Fairerweise schickte er mir durch Dominicus das Geld zurück, das ich für die Option bereits an ihn überwiesen hatte. Dominicus war untröstlich. Er schämte sich für seinen wortbrüchig gewordenen Onkel, und er schimpfte auf alle Kapitalisten und ihr verfluchtes Geld, das auch in diesem Fall über alle schönen Ideen, die dem Ort zum Aufschwung verholfen hätten, hatte obsiegen können. Er versprach, sich schnellstens nach einem neuen Objekt für uns umzusehen, wenn es auch vielleicht nicht mehr in diesem Jahr klappen würde. Aber vielleicht im nächsten Jahr, oder im nächsten Jahrtausend ... Und Juliane, die an seinen Lippen hing, stimmte ihm beifällig zu. –

Ja, sie schmiedeten weiter Pläne. Sie hatten ja so viel Zeit vor sich. Ich aber wollte jetzt meine Koffer packen. Der Alpdruck, der so lange auf mir gelastet hatte, war wie durch ein Wunder von mir genommen. Ich konnte wieder frei atmen. Ich hatte fürs erste genug von Ligurien und ließ mich eiligst von Juliane zum Flugplatz fahren.

1997

UMZUGSPLÄNE

Soll ich meine Wohnung aufgeben und in ein Heim übersiedeln? Seit einigen Tagen muß ich dieser Frage wieder nähertreten. Jasmina überraschte mich mit der Nachricht, daß sie und Uwe, ihr neuer Lebensgefährte, entschlossen seien, sich nach einer größeren Wohnung umzusehen. Sie hätten auch schon etwas in Aussicht:

200 Quadratmeter einer Fabriketage in Kreuzberg – also gar nicht weit von mir, versuchte sie mich zu trösten, als wüßten wir nicht beide, daß kein noch so gut gemeintes Trostwort über die Unerbittlichkeit ihres Auszuges hinweghelfen kann. Wenn Jasmina nicht mehr hier wohnt, auf der gleichen Etage wie ich, stets in Rufweite und immer bereit, rasch mal vorbeizukommen und meinen Fernseher zu richten, den Show View einzustellen oder auch nur eine Flasche oder Büchse zu öffnen, mit deren kompliziertem Verschluß ich allein nicht zurechtkomme, werde ich mich in dem Hochhaus, in dem ich nur mit drei oder vier Mitbewohnern auf flüchtigem Grußwort stehe, völlig verlassen fühlen. Zum Glück steht der Umzugstermin noch nicht fest; die Traumwohnung in Kreuzberg ist noch belegt. Uwes Freund, der darin wohnt, ist jedoch fest entschlossen, aus Berlin wegzuziehen und hat schon Bewerbungsschreiben in alle Richtungen hin verschickt. Sowie eine seiner Be-

werbungen Erfolg hat, wird er die Wohnung unserem Paar überlassen. Ich wünsche dem Freund nichts Schlechtes, aber ich flehe darum, daß seine Bewerbungen abgelehnt werden. Ich möchte mich nicht von Jasmina und ihren beiden Kindern trennen.

Schon einmal hatte mir Jasmina schonend beizubringen versucht, daß sie nicht für immer in meiner Nähe werde bleiben können. Damals war Uwe mit seinem sechsjährigen Sohn, für den er das Sorgerecht hat, zu ihr gezogen. Seitdem leben sie zu fünft in der Wohnung, in drangvoller Enge, wie ich mir wohl denken könne, klagte Jasmina. Die drei Kinder hätten keinen Platz zum Spielen, die Küche sei zu winzig, das Bad ... Ich kann es mir denken. Ich wohne ja allein in der 70 Quadratmeter großen Wohnung, die der ihren haargenau gleicht, nur daß Küche und Bad spiegelverkehrt eingebaut sind, aber die Zimmer sind die gleichen, ein großer Wohnraum mit Balkon und zwei kleinere, in denen ich meinen Arbeitsraum und das Schlafzimmer untergebracht habe. Aber Moment: Brauche ich denn wirklich die beiden kleinen Zimmer für mich? Ich kam mir plötzlich, gegenüber der Großfamilie, parasitär vor. Konnte ich nicht auf einen der kleinen Räume verzichten und ihn meiner Enkelin zur Verfügung stellen? Ich tat es, verteilte die Bücher aus meinem Arbeitszimmer auf sämtliche freien Wände der übrigen Wohnung, um Platz für die Bettcouch zu schaffen, ich räumte auch den Kleiderschrank auf den Flur, und Jasmina zog samt Computer und Drucker, mit Ordnern und Videokassetten und sogar mit Musikbox und CDs in das frei gewordene Zimmer ein, in dem sie nun viele Stunden des Tages verbrachte. Eine glückliche Lösung! Nur gegen die Aufstellung der Musikbox wollte ich zunächst protestieren, weil ich nicht einsah, was sie in einem Arbeitszimmer zu suchen hatte, aber Jasmina machte mir klar, daß sie die Musik als Stimulanz für die Arbeit brauche, und da fügte ich mich, zumal die Klänge meine Ohren überhaupt nicht erreichen, so lange ich im Wohnzimmer vor dem Fernseher sitze, und in vorgerückter Stunde, wenn ich mich schon zurückziehe, wiegen sie mich, gedämpft durch die uns trennende Wand, sanft in den Schlaf. Und wie wohltuend ist es, die Enkelin in der Nähe zu wissen, jederzeit auf Anruf erreichbar. Und nicht nur räumlich sind wir uns in letzter Zeit näher gekommen. So Tür an Tür wohnend, tauschen wir Bücher und Meinungen aus, setzen uns auch mal auf eine Zigarettenlänge zusammen, um Probleme zu erörtern, die man im Vorbeigehen nicht lösen kann, und nach und nach lernte ich auch Jasminas Freundinnen kennen, Studentinnen von der Uni, mit denen sie sich in ihr Arbeitszimmer zurückzieht, um nicht vom Kinderlärm in der Wohnung gestört zu werden. Und auf das alles soll ich nun wieder verzichten müssen? Doch allein, so viel steht fest, werde ich in meiner Wohnung nicht bleiben können. Also doch in ein Heim?

In meiner Kindheit nannte man Häuser, in denen alte Leute untergebracht waren, Siechenheime. An einem dieser Häuser führte mich mein Schulweg vorbei. Noch heute entsinne ich mich deutlich des leisen Schauders, mit dem wir Schulanfänger uns damals an dem Gelände vorbeischlichen, auf dessen düsteres Gemäuer im Hintergrund wir scheue Blicke warfen. Wer mochte sich dort hinter den Fenstern verbergen, die im Winter stets fest verhangen waren? Sieche? Kranke? Oder vielleicht sogar Hexen, deren groteske Schatten wir manchmal hinter den Eisblumen zu entdecken meinten und die uns in Angst und Schrecken versetzten? An warmen Tagen dagegen, im Frühjahr und Sommer, sahen wir die Alten im Garten auf den Bänken sitzen, oder sie humpelten, auf ihren Stock gestützt, die Wege entlang oder näherten sich dem Zaun, der sie von der Straße trennte, um uns einen Gruß zuzurufen oder einen guten Tag zu wünschen. Manchmal winkten sie uns mit einem Stock näher zu sich heran, vielleicht, weil sie Zwiesprache wünschten, aber wir nahmen vor ihnen Reißaus, als würden wir von bösen Geistern verfolgt.

Nach der dritten Klasse wechselte ich die Schule und hatte nun einen anderen Weg, so daß mir das Siechenheim mit seinen Insassen aus dem Gedächtnis geriet. Auch sonst hatte ich kaum Umgang mit alten Menschen. Meine Großeltern waren früh verstorben. Nur der Vater meiner Mutter lebte noch, aber er wohnte in einer anderen Stadt in der Obhut eines jüngeren Sohnes, mit dem meine Eltern nur in loser Verbindung standen. In den Wirren der letzten Kriegstage, hörten wir später, soll er verhungert sein. Seine Schwiegertochter hatte sich aus panischer Angst vor den Besatzern das Leben genommen, mein Großvater kam ins Massengrab.

Zu DDR-Zeiten nannte man die Altenheime Feierabendheime. Schon der Name besagte, daß in ihnen betagte Bürger, die ein langes Berufsleben hinter sich hatten, ihren wohlverdienten Feierabend genießen sollten. In der Tat waren die Plätze in den Heimen immer begehrt, und es gab lange Wartezeiten. Längst waren die Zeiten vorbei, in denen die Alten im Haushalt ihrer Kinder lebten, sozusagen auf dem Altenteil; schon aus Raumgründen waren solche Lösungen meist nicht möglich. Überdies waren die Heimplätze spottbillig, verschlangen nicht einmal die meist geringe Rente, so daß den Insassen noch Geld verblieb für Extraausgaben. Die Ausstattung der Heime war unterschiedlich. Meine Wahltante Helene kam in ein Heim, das, in einem Vorort Berlins gelegen, auf der ganzen Etage nur über eine einzige Toilette und einen Waschraum verfügte. Wer wie sie schon zu hinfällig war, um den weiten Weg zum WC antreten zu können, bekam einen Klosettstuhl ins Zimmer gestellt. Der Gerüche wegen wurde das Fenster stets sperrangelweit offen gehalten, so daß meine Tante ständig fror, und sie erkrankte auch bald an einer Lungenentzündung, von der sie sich nicht mehr erholen konnte. Zu Hause, in den eigenen vier Wänden, sagte die Ärztin, die den Totenschein ausstellte, hätte sie noch viele Jahre leben können.

Aber es gab auch andere, moderne Heime, die äußerlich

Interhotels glichen. Dort befand sich im Erdgeschoß die Rezeption, die über den leider einzigen Telefonanschluß verfügte, und es gab weiträumige, mit Blattpflanzen geschmückte Flure, Sitzecken in jeder Etage, Teeküchen sowie kleinere Aufenthaltsräume, in denen die Insassen ihre Besucher auch mal bewirten konnten, was in ihrem Zimmer nicht gut möglich war, da sie es mit einer anderen Bewohnerin teilen mußten. Ja, leider gab es auch hier keine Einzelzimmer, so daß die Alten, die meist schon seit Jahren allein gelebt hatten, plötzlich gezwungen waren, sich auf einen anderen Menschen einzustellen und auf ihn Rücksicht zu nehmen. Oft kam es in diesen Zwangsgemeinschaften zu Unstimmigkeiten, ja, zu ernsten Zerwürfnissen, so daß der Heimleitung nichts anderes übrig blieb, als die Streitenden zu trennen und anderswo unterzubringen, wo es oft nach kurzer Zeit nicht viel besser ausging.

Andere Ärgernisse hätte man leicht abstellen können. Eine meiner Freundinnen, die sich schon freiwillig, obwohl noch rüstig, in ein Heim begeben hatte, um nicht, wie sie sagte, eines Tages zwangsweise von ihren Kindern dorthin »abgeschoben« zu werden, klagte darüber, daß im Heim den ganzen Tag über der Lautsprecher liefe, der über der Tür eines jeden Zimmers angebracht sei. Von früh bis spät plärre ihr Musik in die Ohren oder müsse sie Durchsagen der Heimleitung an irgendwelche Heimbewohner mit anhören, die am Telefon verlangt würden, Besuch erhalten hätten oder irgendwas sonst. Was ging sie das alles an? Sie wollte ihre Ruhe haben, verdammt noch mal! Aber so oft sie auch darum gebeten hatte, den Lautsprecher abzumontieren oder ihn wenigstens in Reichweite anzubringen, so daß sie ihn jederzeit abschalten könne – es war alles umsonst, eine Änderung offenbar nicht durchführbar. Meine Freundin hat sich übrigens gleich nach der Wende wieder um eine Wohnung bemüht. Sie ahnte schon, daß die Kosten für den Heimplatz ins Unermeßliche steigen würden. Und wenn sie schon ein Vielfaches des jetzigen Betrages hinblättern müsse, meinte sie, dann verlange sie zumindest ein Einzelzimmer und eine Umgebung, in der sie sich wohl-fühlen könne.

Inzwischen gibt es Heime nach den Vorstellungen meiner Freundin in Hülle und Fülle. Täglich werden mir Werbe-schriften solcher Senioren-Residenzen, wie man sie neuer-dings benennt, ins Haus geschickt, und es hagelt Einladun-gen zu Besichtigungen am »Tag der offenen Tür«. Einmal konnte ich nicht widerstehen und nahm die Einladung wahr. Das neuerbaute »Heim für gehobene Ansprüche«, wie es sich nennt, liegt in einem östlichen Vorort von Berlin. Es ist nicht ganz einfach, dorthin zu gelangen. Man muß erst mit der Fähre einen See überqueren und hat danach noch einen beträchtlichen Waldweg vor sich, ehe man das Ge-lände erreicht, das dann allerdings, von einer Anhöhe her-ab, einen überwältigenden Blick auf den See und die ihn umgebenden Wälder gewährt. Die Terrasse, mitten im Grü-nen gelegen, ist noch im Bau, ebenso das Obergeschoß. Aber die unteren Räume sind schon zur Besichtigung freigege-ben. Im ganzen soll es hier einmal etwa neunzig 30 Qua-dratmeter umfassende Einzelräume geben sowie fünfzig etwas größere Doppelzimmer, in die man auf Wunsch ei-gene Möbel mitbringen kann. Sogar Haustiere dürfen hier gehalten werden. In bezug auf Dienstleistungen ist offen-bar an alles gedacht, angefangen bei der Reinigung der Räume bis zur Erledigung von Einkäufen oder Bankgeschäf-ten. Auch für Zerstreuung ist reichlich gesorgt. Es gibt eine Sauna, ein Solarium, eine Kegelbahn, Gymnastik- und Fitneßräume und eine Bibliothek. Man bietet Kurse an, Vorträge, Literaturnachmittage, gemeinsame Wanderungen, Konzert- und Theaterbesuche. Für letztere muß man aller-dings den hauseigenen Kleinbus in Anspruch nehmen, der auch die gehbehinderten Heimbewohner bei Bedarf zum Bahnhof fährt – gegen den üblichen Taxipreis. Wahrhaftig, denke ich, wer hier Langeweile hat, ist selber schuld, und ich könnte mir schon vorstellen, hier zu leben, immer in

Gesellschaft, falls man es wünscht, oder auch still zurückgezogen. Aber kann ich mir das Wohnen hier überhaupt leisten? Der Erbauer der Einrichtung, der uns herumführt, erklärt ganz offen, daß seine Zielgruppe hauptsächlich die Bonner seien, die ja nun bald nach Berlin kämen und ihre Angehörigen, Eltern oder Großeltern, gern in der Nähe hätten, zumal die Residenz auch über eine Pflegestation verfüge, in die man im Krankheitsfall übersiedeln könne. Er nennt uns den Preis für die Pflegestation: fünftausend Mark! »Das können *wir* uns nie leisten«, murmelt eine Frau dicht hinter mir. »Oder haben Sie so viel Rente?« examiniert sie mich. Ich schüttle stumm den Kopf. »Aber Sie haben vielleicht Ersparnisse?« fragt die andere weiter. »Die müssen Sie hergeben, oder man bittet Ihre Kinder zur Kasse – falls die nicht ebenfalls ihre Piepen vom Sozialamt kriegen. Wissen Sie das?« Diesmal nicke ich zustimmend. Ja, ich weiß, daß man uns nur so viel auf dem Konto beläßt, wie wir brauchen, um anständig unter die Erde zu kommen. Und viele bei uns im Osten haben nicht einmal das. »Was können wir also tun«, sage ich ratlos, »wenn wir eines Tages krank werden und Pflege brauchen?« – Die andere mustert mich von Kopf bis Fuß. »Na was schon?« sagt sie schließlich lakonisch. »Wir bringen uns rechtzeitig um!« Und sie dreht sich weg und ist im Gedränge verschwunden, ehe ich noch etwas erwidern kann. Aber konnte ich denn etwas entgegnen? Vielleicht meint es ja das Schicksal gnädig mit uns. Wir legen uns eines Abends nieder und wachen nicht wieder auf. Ein sanfter – und vor allem billiger – Tod.

Als ich von meinem Ausflug zurückkomme, erwartet mich Jasmina wiederum mit einer Hiobsbotschaft. Sie hat sich von Uwe getrennt! Ich sehe sie fassungslos an: Alles hätte ich erwartet, aber nicht das. Hatte sie nicht mit Uwe äußerst harmonisch zusammengelebt? Waren sie nicht glücklich zusammen? Zwar hatte es manchmal Meinungsverschiedenheiten gegeben der Kinder wegen. Uwes Sohn war ein Einzelkind, das sich nur schwer seinen beiden neuen

Geschwistern anpassen konnte. Stritten sich die Kinder, hatte Uwe meist einseitig für seinen Sohn Partei ergriffen, und Jasmina sah sich dann in eine Rolle gedrängt, in der sie die eigenen Kinder hintanstellen mußte, um den Frieden wiederherzustellen. Aber solche Unstimmigkeiten waren doch immer rasch beseitigt worden. Oder doch nicht? Plötzlich mußte ich daran denken, daß Jasmina abends oft allein zu Freunden oder ins Kino ging. Uwe blieb dann wohl zu Hause, um die Kinder zu hüten. Aber für die Kinder konnte man gelegentlich auch einen Babysitter bestellen, damit sie zusammen etwas unternehmen konnten. Hatten sie denn überhaupt gemeinsame Interessen? Auffällig oft hatte Jasmina in letzter Zeit vor dem Computer gesessen. Sie arbeitet für die Uni, hatte ich gedacht und mich über ihren Arbeitseifer gefreut. Aber hatte sie sich in Wahrheit vielleicht zu ihrem Computer geflüchtet? Langweilte es sie, die Abende drüben in ihrer Wohnung mit Uwe zu verbringen? Kürzlich hatten sie doch noch zusammen umziehen wollen. Wenn es nun mit der Wohnung geklappt hätte – wäre sie dann mit Uwe zusammengeblieben? frage ich sie. Jasmina überlegt einen Augenblick, bevor sie zögernd erwidert: Ja, dann wäre es wahrscheinlich noch eine Weile so weitergegangen. Sie könne ja auch Uwe absolut nichts vorwerfen. Er sei der liebevollste, zärtlichste, rücksichtsvollste Mann, den sie kenne, aber sie könne nicht mit ihm leben. Ihr sei es vorgekommen, sagt sie, als sei im Zusammensein mit ihm ihr Leben – mit dreißig! – schon zu Ende gegangen.

Uwe wird also die ihm gehörenden Ordner, Bücher und Kleidungsstücke zusammenpacken und mit seinem Sohn von hier wegziehen. So einfach ist das. Wären die zwei verheiratet gewesen, mit amtlichem Stempel, so gäbe es vor der Trennung einen langwierigen Schriftwechsel zwischen Rechtsanwälten, gäbe es Zank, gegenseitige Beschuldigungen und zuletzt eine kostspielige Gerichtsverhandlung. Sind die jungen Leute von heute, die miteinander nur in lockerer Verbindung leben, also klüger dran? In der Gene-

ration meiner Großeltern, ja sogar noch der Eltern, waren
Paare bis zum Tode aneinandergeschmiedet. Scheidung galt
in den Augen der Gesellschaft als Schande, als Lebens-
versagen; die Frauen hatten zu dulden und sich unterzuord-
nen. Die heutigen Frauen sind ihnen weit voraus, sie po-
chen auf ihre Rechte und sind selbstbewußt, und sie nehmen
sich die Freiheit, ihren »Lebensgefährten«, wenn sie ihn
nicht mehr lieben, vor die Tür zu setzen.

»Dein Zimmer kannst du ja jetzt wiederhaben«, sagt
Jasmina zu mir. Und ich lasse die Wände neu überstreichen
und rücke mein Bett in das leergeräumte Zimmer zurück
an seinen früheren Platz. Aber mir ist bei alldem nicht ganz
wohl zumute.

1997

DAS RUSSENLIEBCHEN

Im vorigen Jahr war ich einige Tage an der Ostsee. Meine Kollegin Lieselotte, die mit mir war, fühlte sich nicht recht wohl, das Herz machte ihr zu schaffen, und sie mußte tagsüber viel ruhen. Darum fuhr ich oft allein durch die Gegend, per Auto oder mit der Pferdekutsche, die man mieten konnte. Unser Ort lag nicht weit ab von Ückeritz. Ob ich Hella Manigk mal besuchen sollte? Aber ich wollte sie nicht einfach überfallen, sondern suchte aus dem Verzeichnis ihre Nummer heraus, um meinen Besuch in aller Form bei ihr anzumelden. Doch niemand meldete sich auf meinen Anruf; das Telefon blieb stumm. Schließlich tröstete ich mich mit der Vermutung, daß sie verreist sei und gab mein Vorhaben auf.

Doch wieder zu Hause, fand ich beim Blättern in den liegengebliebenen Zeitungen Hellas Todesanzeige. Ich war tief bestürzt. Das Datum lag schon um einige Tage zurück. Also hätte ich sie schon auf dem Friedhof suchen müssen?

Hella war mir eine Freundin, mit der ich auf das Innigste verbunden war, obwohl wir beide uns erst im Alter kennengelernt hatten. Sie war in Berlin geboren wie ich, stammte aber, im Gegensatz zu mir, aus einem wohlhabenden Elternhaus, so daß sie nach der Schule in München ein Studium aufnehmen konnte, das sie aber nach dem plötzlichen

Tod ihres Vaters vorzeitig abbrechen mußte. Später kehrte sie mit ihrem Studienfreund Wolfgang, den sie 1932 geheiratet hatte, nach Berlin zurück, wo auch ihre zwei Kinder zur Welt kamen. Schon in München hatten sich unter ihren Freunden viele Kommunisten und Sozialdemokraten befunden. Einer der letzteren war Carlo Mierendorf, der in dem Kreisauer Kreis eine wichtige Rolle spielte. Als Hella kurz nach Kriegsbeginn mit ihren Kindern vor den Bomben floh und in das Sommerhaus auf der Insel Usedom übersiedelte – ihr Mann war inzwischen eingezogen worden –, stellte sie ihre Berliner Wohnung dem Freund für seine illegalen Treffs zur Verfügung. Oft kam Carlo auch, beladen mit Akten, zu Hella nach Ückeritz und bat sie, die Akten irgendwo auf dem Dachboden sicher unterzubringen. Manchmal erhielt sie ein Telegramm von ihm, natürlich mit verschlüsseltem Inhalt, und dann wußte sie, daß sie ihm diese oder jene Akte nach Berlin bringen sollte. Sie ahnte wohl, daß sie Dynamit in den Händen hielt, das sie unter ihren Kleidern verstecken mußte, aber das ängstigte sie nicht; sie war erfüllt von ihrer Mission und nur allzu gern bereit, etwas gegen die Nazis zu tun; zu beweisen, daß sie nicht nur zu reden, sondern auch zu handeln vermochte. Darum ließ sie sich auf das Gefährliche dieser Kurierfahrten ein, ohne jedoch von den Attentatsabsichten eine Ahnung zu haben. So weit hatten die Genossen sie nicht eingeweiht.

Ihre größte Bewährungsprobe aber sollte Hella erst gegen Kriegsende bestehen: als sie zwei aus dem Kriegsgefangenenlager entflohene Sowjetsoldaten 52 Tage lang in einem Verschlag, der zu ihrem Häuschen gehörte, versteckte. Man muß sich vor Augen halten, wie damals die Lage war, zwei Monate vor der Kapitulation. Das kleine Dorf Ückeritz, nur 15 Kilometer von Peenemünde entfernt, wo die Nazis noch fieberhaft an ihrer »Wunderwaffe« bastelten, strotzte vor Uniformen. Zehntausend Soldaten waren hier stationiert, Flakhelfer und Küstenbewohner. Der ganze Strand – dessen Befestigungen zum Teil heute noch zu sehen sind – war eine riesige Garnison. Die Zivilbevölkerung war aufgerufen, Schützengräben zu ziehen, wobei sie von SA-Leuten beaufsichtigt wurden. Am 13. März hatte es einen schweren Luftangriff auf Swinemünde gegeben, das völlig zerstört worden war. In der Nähe befand sich ein großes russisches Kriegsgefangenenlager. Fünf Rotarmisten waren, sich das allgemeine Durcheinander zunutze machend, aus dem Lager geflohen und hatten versucht, sich zu retten, ohne zu ahnen, daß sie sich auf einer Insel befanden. Drei wurden bald wieder gefaßt. Die anderen zwei verdanken es Hella, daß sie am Leben blieben.

Wie war es zu dieser Begegnung gekommen? Hella hat es mir eines Tages erzählt, nachdem es mir endlich gelungen war, zu ihr vorzudringen, da ich den lebhaften Wunsch hatte, sie kennenzulernen. Ich war damals zu einer Lesung nach Wolgast gefahren. In der anschließenden Diskussion ging es wieder einmal um die Zeit nach Kriegsende, und da fiel Hellas Name. Auf Usedom war sie überall wohlbekannt. Nicht alle sprachen mit Respekt von ihr. Noch heute nannten sie manche, wenn auch hinter vorgehaltener Hand, das »Russenliebchen«. »Unsere Männer«, hatten die Kriegerwitwen damals gebarmt, »blieben in Stalingrad. Aber die Manigk hat sich Russen ins Haus geholt.«

Hella erwartete mich, als ich kam, schon am Gartenzaun. Wir umarmten einander zur Begrüßung, als ob wir Freundinnen seien. Nun, wir waren ein Jahrgang, hatten vieles ähnlich erlebt, jetzt waren wir beide alt. Auch Hellas Gesicht war von Falten durchzogen, aber ihr Gang, sah ich zu meiner Überraschung, war leichtfüßig-grazil, und sie ging so ... ja, beschwingt vor mir her, als ob ihr der unebene, hartgetretene Grasboden, im Gegensatz zu mir, keinerlei Beschwerden bereitete. Sie gleicht der Palucca, dachte ich unwillkürlich. Und als ich es ihr sagte, meinte sie leicht verlegen: Das hätte man ihr schon öfter gesagt, und wieder andere hätten sie mit Elisabeth Bergner verglichen. Aber das sei ja alles Mumpitz, fügte sie sogleich hinzu; in

Wahrheit machten ihr die alten Knochen schon recht arg zu schaffen.

Später führte mich Hella durchs Haus, in dem sie seinerzeit mit vier Schwägerinnen, der von allen geliebten Omama und acht Kindern zusammengelebt hatte. Das Haus war nicht groß, und man brauchte nicht viel Phantasie, um sich auszumalen, welche drangvolle Enge geherrscht haben mußte, als sie ihre Schützlinge hier versteckte. Jetzt bewohnte Hella die vier Wände die meiste Zeit allein. Ihr Mann, der trotz seines Alters immer noch an der Universität in Greifswald tätig war, blieb die Woche über in der Stadt und kam nur übers Wochenende nach Hause. »Wären Sie am Sonntag gekommen«, sagte Hella zu mir, »hätte es mir nicht gepaßt, weil dann mein Mann da ist.«

Später, als wir in ihrem Wohnzimmer beim Tee saßen, schlug ich ihr vor, zum vertrauten Du überzugehen, das unter VdN-Kameraden – Verfolgten des Naziregimes – üblich war. Aber sie schüttelte den Kopf. Sie sei nicht meine »Kameradin«, sei als »Kämpferin« nicht anerkannt. Und da sie meine maßlose Verblüffung bemerkte, fügte sie hinzu: Sie sei ja nicht, wie die Statuten für die Anerkennung es vorsahen, während der Nazizeit im Gefängnis gewesen. Sie habe »nur« ihr Leben riskiert. Offenbar gelte das nicht. Ich wollte nicht länger in sie dringen, sondern warten, bis sie von selber sprach. Doch Hella holte gerade die Mappe mit den Familienfotos herbei: Bilder von ihr als Abiturientin und als junge Frau, Fotos von den Kindern und Kindeskindern. Und da war auch ein Foto von dem Haus in Ückeritz, es sah genauso aus wie heute, nichts hatten die Bewohner seit 1932 daran geändert, nichts auf »Datsche« getrimmt. Bloß der Handwagen, der auf dem Bild neben der Tür zu sehen war, stand nicht mehr da. Damals, sagte Hella, habe sie mit ihm unentwegt Kartoffeln herankarren müssen. Bis nach Rügen sei sie gefahren, um irgend etwas Eßbares für die 14köpfige Familie aufzutreiben. Und nun kam sie doch ins Erzählen ...

»Damals wollte ich auch gerade ins Dorf, um Kartoffeln zu holen«, begann sie. »Und da trat plötzlich aus der Schonung ein Mann auf mich zu. Er war völlig zerlumpt, trug einen französischen Mantel und eine Russenmütze. Er hielt mir eine zerbeulte Blechkanne entgegen und forderte barsch: ›Frau – Kartoffeln!‹ Ich hatte ihn erst für einen der Ostflüchtlinge gehalten, die im Wald kampierten und verzweifelt versuchten, sich irgendwie am Leben zu erhalten. Daher erklärte ich ihm, daß ich die Kartoffeln erst holen müsse und daß er warten solle. Doch als ich zurückkam, war er nicht mehr da. Erst nach einer Weile kam er vorsichtig wieder auf mich zu, und da ahnte ich schon: Etwas stimmt hier nicht. Ich fragte ihn dann, wo er herkomme, und da gab er offen zu, daß er ein russischer Kriegsgefangener aus Swinemünde sei. Als ich ihn später einmal fragte, woher er den Mut genommen hätte, mir das offen zu sagen, meinte er: ›Ich hatte ein Messer im Stiefel‹. Also hätte er mich, falls ich ihn verraten wollte, abgestochen. Aber ich machte ihm nun klar, daß er im Wald nicht bleiben könne, da es dort von SA und von Dorfleuten, die gerade Schützengräben ziehen müßten, wimmelte. ›Kommen Sie mit zu mir nach Hause‹, sagte ich. ›Ich werde Sie verstecken‹. Aber er hatte noch einen Kumpel, den er nicht im Stich lassen wollte. ›Dann bringen Sie den auch mit‹, bestimmte ich. Ich gab ihm die Kartoffeln, dann ging ich nach Hause, denn nun stand mir ja etwas ganz Schweres bevor: Ich mußte meine Angehörigen einweihen. Sie protestierten natürlich, was man ja versteht. Wir waren inzwischen sechs Erwachsene in dem kleinen Haus, und dazu acht Kinder. Denk an die Kinder! sagten meine Verwandten wieder und wieder. Wenn das rauskommt, werden wir umgebracht. Das kannst du nicht machen, kannst uns das nicht antun. Ich erwiderte ihnen aber: ›Ich verstecke die beiden im Ziegenstall, und die Ziegen gehören ja mir, das ist meine Sache, von der ihr überhaupt nichts zu wissen braucht.‹ Also meine Schützlinge kamen noch am selben Abend, und da lebten wir dann bis

142

Kriegsende, 52 Tage lang. Ich mußte jeden Tag frisches Stroh holen, was natürlich auch auffiel. Ich gab ihnen, was sie brauchten, frische Wäsche von unseren Männern, die im Krieg waren – ihre Uniformen habe ich sofort verbrannt, und sie konnten nun Zivil anziehen. Sie hatten ja auch keine Lebensmittelkarten, und das war schlimm, weil ich ja den Kindern nichts entziehen durfte. Ich ging jeden Tag über Land, um was zusammenzubetteln. Die beiden verließen ihr Versteck nur nachts. Tagsüber blieben sie im Stall, allerdings bei offener Tür, die Kinder wußten genau Bescheid. Die Kinder, im Alter zwischen drei und vierzehn Jahren, bildeten natürlich eine gewisse Gefahr für uns. Aber sie wußten schon, daß sie manches geheimhalten mußten, das Radiohören und das Schimpfen auf Hitler, und sie hielten den Mund.

Trotzdem gab es Gefahrensmomente. Einmal kam Militär zu uns aufs Grundstück; sie wollten Bäume fällen, die ihnen die Sicht auf die Landstraße versperrten. Mit denen hatte ich eine schwere Auseinandersetzung! Ich stand mit dem Rücken zum Ziegenstall, und die Militärs drohten mir, alles umzulegen, auch das Haus, wenn ich mich weigern würde, die Bäume fällen zu lassen. Meine Schützlinge, die den Wortwechsel mitanhörten, glaubten natürlich: Jetzt hat sie Militär geholt, jetzt übergibt sie uns denen! Sie lagen schlotternd vor Angst auf der Erde, hatten sich mit Stroh zugedeckt und fürchteten, ihr letztes Stündlein sei gekommen. Sie wußten ja nicht, worum es ging.

Ende April begannen dann die schweren Bombenangriffe auf die Insel Usedom, Peenemünde hatte man schon vorher in Grund und Boden bombardiert. Jetzt waren es Angriffe der Sowjets, die die Insel erobern wollten. Als das erste Flugzeug über uns kreiste, war ich gerade im Garten, und beim Anblick des roten Sterns warf ich die Arme hoch und begann zu winken – aber als Antwort hörte ich nur Maschinengewehrfeuer. Und abends sagten unsere Bewohner des Ziegenstalls, wir könnten nun nicht länger hier im Haus bleiben. Das Haus sähe von oben aus wie eine Soldatenbaracke und würde bestimmt als Angriffsziel dienen; wir müßten aufs Feld und uns eingraben. Doch davor hatte ich Angst. Schließlich gingen wir in den Wald, in die Schonung, und Michail und Iwan gruben uns Splittergräben. Das war gerade während eines Bombenangriffs. In diese Gräben schoben wir nun die Kinder, eines nach dem anderen, und zuletzt sprangen wir selber hinein. Rings um uns herum waren lauter Bombentrichter, kleine und große, aber wir hatten Glück, wir wurden nicht getroffen. Drei oder vier Tage haben wir so verbracht. Zwischendurch bin ich immer mal weggegangen und habe die Kühe unseres Nachbarn gemolken. Wir brauchten doch die Milch, und der Bauer hielt sich in einer Fischerhütte versteckt. Ich holte auch die Eier von den Bauernhöfen. Und so haben wir unser Leben im Wald gefristet.

Einmal hörten wir von der Straße her lautes Getrappel, und ich kroch heraus, weil ich dachte, jetzt kommt Militär oder was. Es waren aber Sowjetrussen, die aus einem Kriegsgefangenenlager evakuiert worden waren; lauter Elendsgestalten, einer stützte den anderen, viele waren verwundet. Ich hatte gerade zwei Eimer Milch bei mir und gab ihnen davon, die deutschen Mannschaften hatten sich schon dünn gemacht. Ich ging hin, begrüßte sie, und ich wundere mich noch heute, daß sie mich nicht gleich totgeschlagen haben: eine deutsche Frau! Und sie waren gerade aus einem Lager entlassen worden, aus dem man täglich an die zweihundert Tote hatte hinausschaffen müssen! Sie weinten, als ich ihnen von der Milch zu trinken gab. Die erste menschliche Handlung! Das erste menschliche Erlebnis, das sie seit langem hatten. –

Etwas später hörte ich erneut ein Geräusch, kroch aus dem Graben, lief in den Garten – und da sah ich auf der Landstraße die Panzerwagen, sah die Rote Armee, die Rotarmisten, die ganze Straße war voll von ihnen! Ich lief rasch zurück, und wir umarmten uns alle: Der Krieg war aus! Wir waren alle glücklich, hatten nicht die geringste Angst, was ja erstaunlich ist nach allem, was die Faschisten dem sowjetischen Volk angetan hatten. Aber was nun? Iwan und Michail meinten, ich müsse sofort ins Dorf und einem sowjetischen Offizier melden, daß ich zwei russische Gefangene bei mir hätte. Freudig nahm ich das Fahrrad, fuhr los, und schon hier in der Waldstraße traf ich auf weitere sowjetische Soldaten, die ich ohne eine Spur von Angst in meinem gebrochenen Russisch fragte, wo ich hier einen Offizier finden könne? Die waren sehr verblüfft, weil eine junge Frau – ich war damals Mitte dreißig – so ungeniert mit ihnen sprach, aber sie gaben mir Bescheid, und ich arbeitete mich durch bis zu dem Haus, das sie mir bezeichnet hatten. Auf der Treppe sah ich schon eine Menge leerer Weinflaschen liegen. Na, die hatten bereits gefeiert. In einem Raum saßen etwa fünfzehn Offiziere, alle sehr heiter, aber nicht betrunken, und denen sagte ich mein Sprüchlein her. Kaum hatte ich geendet, da wurde ich schon in die Höhe gehoben und viele Male umarmt. Ein Offizier wurde dann abkommandiert, mit mir nach Hause zu gehen, und als wir hinunter kamen, da war mein Fahrrad schon weg. (Ich habe es aber später wiederbekommen.) Der Offizier hat dann zu Hause, hier in diesem Zimmer, die Gefangenen verhört, während wir den Raum verlassen mußten. Sie wollten herausfinden, ob es sich bei meinen Schützlingen vielleicht um Hilfswillige handelte, die auf deutscher Seite gekämpft hatten, was ja aber nicht der Fall war. Unsere Freunde wurden dann bereits am nächsten Tag abtransportiert. Sie kamen in ein Sammellager bei Koserow, und viele Leute hier sagten: ›Die siehst du niemals wieder, die werden zu Hause sofort erschossen! Denen hast du gar nichts Gutes getan.‹ Erst viel später habe ich erfahren, daß sie sich zum Glück geirrt hatten. Durch Zufall konnte ich sie viele Jahre später ausfindig machen. Michail arbeitete in einem Kolchos im Rostower Gebiet, aber gefeiert haben wir unser Wiedersehen in Iwans Haus, das ganz ähnlich aussah wie unseres hier, mit blauen Fensterläden und einem bunten Blumengarten, na, und gefeiert wurde auf russische Art, das ganze Dorf nahm teil, und es wurde gegessen und getanzt bis in den frühen Morgen!

Inzwischen hatte man im Ort eine Kommandantur eingerichtet. Der Kommandant versuchte, aus mir herauszukriegen, wer hier Nazi gewesen sei, aber ich sagte nur: ›Alle!‹ – Ich hätte es nie übers Herz gebracht, jemanden anzuzeigen, das lag mir fern. Meine Geschichte hatte sich allmählich überall herumgesprochen. Einige Frauen schimpften mich zwar ›Russenliebchen‹, aber im großen und ganzen wurde ich doch anerkannt, zumal unser Dorf dadurch eine Art Sonderbehandlung genoß. Ich wurde ja als Bürgermeisterin eingesetzt. Und wenn anderwärts gehungert wurde – wir hatten so viel zu essen, wie seit langem nicht. Die Bauern brauchten zuerst noch nichts abzuliefern, sie wußten gar nicht, wohin mit ihren Produkten, alles war noch unorganisiert. Das änderte sich allerdings bald.

Eine meiner Hauptaufgaben bestand darin, die vielen Flüchtlinge, darunter elternlose Kinder, irgendwo unterzubringen. Die Kinder brachten wir in ein leerstehendes Kinderheim und die Familien, die aus Polen oder aus Ostpreußen stammten, in die verlassenen Sommerhäuser. Ich holte die Leute ab und sorgte für ihre Unterbringung, sauste also hin und her, und alles per Fahrrad, das mir aber auch noch mehrmals abgenommen worden ist, so daß ich danach alles zu Fuß bewältigen mußte. Für meine Arbeit erhielt ich hundert Mark im Monat, so viel kostete damals auf dem Schwarzmarkt ein halbes Pfund Butter.

Doch eines Tages erfuhr der Schulrat, daß ich etwas Russisch sprach, und er überredete mich, in den Schuldienst einzutreten. Anderthalb Jahre lang habe ich in sechs verschiedenen Schulen unterrichtet, mußte auch jetzt wieder alle Wege mit dem Fahrrad tun – zuerst mit einem Fahrrad ohne Schlauch, ohne Mantel, nur mit einem Seil umwickelt. Als Lehrmaterial diente mir eine Fibel für russische

Kinder, Ma-ma, Pa-pa und so. Hefte hatten wir nicht, wir schrieben auf Rändern von Zeitungspapier. Die Bleistifte zersägte ich in viele kleine Stücke, damit sie für alle reichten. Ich habe dann auch noch fünf Jahre lang ›fernstudiert‹, das war ungeheuer anstrengend. Wir wohnten ja noch alle in dem Haus zusammen, und um lernen zu können, ging ich hinaus in den Wald. Für meine Kinder hatte ich nur wenig Zeit. Auch nach Heringsdorf in meine Schule mußte ich noch immer mit dem Fahrrad fahren. Es gab ja noch keine regelmäßige Zugverbindung, die Schienen waren abgebaut. Aber wie gesagt, wir wohnten noch alle zusammen, das erleichterte mir manches. Omama kochte für alle.

Ich bin nach 1945 ja sofort in die KPD eingetreten. Leider taten das aber auch manche, die sich bisher als Nazis aufgespielt hatten, und mit denen geriet ich oft hart aneinander. Diese neuen ›Genossen‹ requirierten zum Beispiel Gegenstände, Schreibmaschinen und ähnliches, und verschoben sie später. Das konnte ich als Bürgermeisterin natürlich nicht durchgehen lassen. Und Genossin zu sein, Parteimitglied, das war für mich etwas ganz Besonderes, da mußte man Vorbild sein! Kurz, ich duldete keine krummen Geschäfte, schaffte mir dadurch viele Feinde, und als ich einmal, sicher als Folge der Überarbeitung, wochenlang im Krankenhaus lag und an keiner Versammlung teilnehmen konnte, nutzte man die Gelegenheit, um mich loszuwerden und betrieb ›wegen Unaktivität‹ meinen Parteiausschluß! Ich habe später dutzende von Eingaben geschrieben, habe protestiert, bekam aber immer nur ausweichende Antworten. Bis ich einmal, 1950 oder 1952, ins Parteibüro gerufen wurde; meine Wahl in den Gemeinderat stand gerade bevor. Der Genosse dort bat mich aber, zurückzutreten, weil – und das sagte er ganz offen, was mir an ihm gefiel – das Verhältnis zwischen Parteilosen und Parteimitgliedern sonst nicht günstig sei. Wenn ich nicht freiwillig zurücktrete, sagte er, würde er mich zwingen. Das hätte er lieber nicht sagen sollen. ›Wie wollen Sie mich zwingen?‹ fragte ich nur. Statt einer Antwort wies er auf eine umfangreiche Akte. ›Kennen Sie die?‹ fragte er mich. Ich nickte. ›Darin befinden sich sicher meine vielen Protestschreiben gegen meinen Parteiausschluß‹, sagte ich. ›Die können mir nur zur Ehre gereichen. Leider hat man nie auf meine Schreiben reagiert.‹ Und nun zog er einen Brief aus der Mappe; der vom Dezember 1945 datiert und von einer hohen Berliner Parteistelle gekommen war. Darin hieß es: ›Der Manigk ist das Parteibuch sofort zurückzugeben!‹ – Diesen wichtigen Brief hatte man mir bisher unterschlagen! Der Genosse, der mich jetzt endlich von seinem Inhalt in Kenntnis gesetzt hatte, streckte mir beim Abschied beide Hände entgegen. ›Also kann ich in Dir eine neue Genossin begrüßen?‹ fragte er mich. Aber ich schüttelte den Kopf. ›Nein‹, sagte ich, ›jetzt nicht mehr. Denn vielleicht werde ich in sechs Wochen wieder ausgeschlossen. Solange solche Sachen passieren, werde ich immer protestieren, werde ich stets versuchen, die Sache zurechtzurücken. Und das wird anscheinend nicht geduldet.‹ – Ich bin also bis heute parteilos geblieben.«

Das lange Reden hatte Hella erschöpft, und um uns abzulenken, beschlossen wir, einen kleinen Spaziergang zu machen. Jetzt erst, als wir ins Freie traten, wurde mir die Schönheit des kleinen Anwesens bewußt: die Lage, fast am Rande des Ortes und nahe am Wald; das Grundstück, von dem aus der Blick im Westen weit über das Achterwasser und die angrenzenden Felder ging. Hier säße sie oft abends im Sommer und betrachte den Sonnenuntergang, sagte Hella. Gut, aber im Winter? Ob ihr da nicht manchmal bange sei, so ganz allein? warf ich ein. Sie blickte mich verwundert an. Aber sie sei nicht allein, Sohn und Tochter mit den fünf Enkelkindern wohnten nicht weit. Ihr Mann allerdings blieb die Woche über in Greifswald; nur übers Wochenende sah sie ihn zuweilen. Hatte er in der Stadt eine andere Frau? Hella sprach nicht darüber, und ich fragte nicht.

Noch eine Episode muß ich erwähnen, weil sie für Hella

charakteristisch ist. Sie selbst hat nur beiläufig davon erzählt, ohne viel Aufhebens davon zu machen. »Weißt du«, sagte sie, »es sind ja auch in Ückeritz Übergriffe vorgekommen, Vergewaltigungen und so. Und da schenkte mir einer der sowjetischen Soldaten eine Pistole, damit ich mich notfalls wehren könne. Ich wollte das Ding erst nicht annehmen, weil ich ja wußte, daß der Besitz von Waffen verboten war. Aber hätte ich ihn kränken sollen? Er meinte es gut mit mir. Ich nahm also die Pistole und versteckte sie tief unten in der Schublade. Aber es ließ mir keine Ruhe, mein Gewissen schlug. Endlich faßte ich mir ein Herz und brachte das Unglücksding in die Kommandantur. Der Kommandant sah mich streng an. ›Warum bringen Sie die Pistole erst jetzt?‹ fragte er böse. ›Ich kann Sie erschießen lassen!‹ – Ich nahm all meinen Mut zusammen und sagte schlicht: ›Herr Kommandant, es wäre mir eine Ehre, von einer sowjetischen Kugel getötet zu werden.‹ – Da sagte der Kommandant gar nichts mehr, sondern ließ mich laufen. Offenbar hatte ich ihn entwaffnet, im wahrsten Sinne des Wortes.« Auch ich war damals überwältigt von Hellas Bericht und habe sie nur wortlos in meine Arme geschlossen.

In den folgenden Jahren hatte mich Hella einmal in Berlin besucht, und ich hatte mich im Sommer darauf für zwei Tage bei ihr einquartiert. Dann war die Verbindung zwischen uns für längere Zeit abgebrochen. Doch als ich nach der Wende mal wieder an der Küste war, konnte ich der Versuchung nicht widerstehen, auf der Rückfahrt einen Umweg über Ückeritz zu machen, um Hella wiederzusehen. Ich fuhr mit dem Auto dicht an ihr Grundstück heran. Hella hatte mich offensichtlich kommen hören, einen Augenblick tauchte ihr Kopf hinter der Gardine auf, und mir schien, als habe sie mich erkannt. Rasch stieg ich aus. Doch bevor ich mich der Gartenpforte nähern konnte, kam sie selbst auf mich zu. Ich erschrak bei ihrem Anblick. In der zum Skelett abgemagerten Gestalt, die, sich mit beiden Händen an der Mauer entlangtastend, auf mich zuwankte, konnte ich nur mit Mühe die frühere Hella erkennen. Schon von weitem wehrte sie mich heftig ab: Sie könne mich heute nicht empfangen. Gerade sei der Arzt bei ihr, sie bekäme Spritzen. Auch ihr Mann ... Inzwischen war sie bis zum Auto herangekommen. »Dein Mann ist zu Hause?« fragte ich überrascht. »Heute – mitten in der Woche?« Hella quälte sich zu einem Lächeln. »Abgewickelt«, sagte sie nur. »Ja, er war der erste der Professoren ... Aber unsere Kinder haben Arbeit«, fügte sie hastig hinzu. »Das willst du doch wahrscheinlich wissen. Es geht ihnen gut.« – »Und dir, Hella?« fragte ich eindringlich. »Wie kommst du zurecht mit der neuen Zeit?« Diese mir wichtigste Frage sollte sie noch beantworten, bevor sie wieder ins Haus verschwand, wohin sie immer wieder unruhige Blicke warf. Aber jetzt blieb sie stehen und sah mich lange an mit Augen, die tief verschattet waren – und plötzlich verstand ich alles. Sie brauchte nichts zu sagen, ich begriff es auch so: Sie war bis ins Innerste zerstört. »Wir leben noch, wie du siehst«, flüsterte sie, bevor sie sich von mir löste und in ihr Haus zurückschlich.

Ja, damals lebte sie noch, vor einem Jahr. Oder war es nur noch ein Vegetieren? Die Leidensfähigkeit eines Menschen ist fast unerschöpflich, so lange er ein Ideal vor Augen hat, nach dem er strebt; die Kommunisten in Stalins Straflagern haben dies zur Genüge bewiesen. Worauf konnte Hella noch hoffen? Die Nachrichten aus dem Land, dem sie sich zeitlebens verbunden fühlte, berichteten täglich davon, wie sich die Völker des ehemaligen sozialistischen Staatenbundes gegenseitig zerfleischen. Angehörige der russischen Mafia, die ihr Geld auf unredliche Weise erworben haben, bewohnen die teuersten Hotels an der Côte d'Azur und schlemmen in den Spielkasinos bei Kaviar und Sekt, während die Arbeiter in ihrer Heimat zusammen mit den Rentnern auf die Straße gehen, weil sie seit Monaten keinen Lohn und keine Rente mehr erhalten haben. Obdachlose durchwühlen wie die Ratten die Abfalltonnen, um irgend etwas Genießbares für sich herauszuklauben.

Einmal überwand ich mich und wählte Hellas alte Nummer. Ihr Mann sollte mir Näheres über ihren Tod berichten. Hatte sie lange leiden müssen? Sie war so mager geworden ... Der Professor zögerte mit der Antwort, als ob er erst lange überlegen müsse. »Sie war organisch gesund«, sagte er endlich, »aber sie war seelisch am Ende. Sie hatte sich aufgegeben.«

Es war genau das, was ich erwartet hatte.

Bei nächster Gelegenheit werde ich wieder über Ückeritz fahren und auf dem Friedhof Hellas Grab aufsuchen. Ich will ihr einen bunten Frühlingsstrauß bringen: Veilchen und Krokusse, vielleicht Narzissen. Die hatte sie immer am liebsten von allen.

1996

SEHNSUCHT NACH UTOPIA

Das siebente Jahr in der Ehe gilt als ein Krisenjahr. Die Euphorie der ersten Liebe hat sich in der Monotonie des Alltaglebens aufgebraucht, das nur noch selten von kurzfristigen Glanzlichtern aufgehellt wird. Auch von dem Einigungstag trennen uns sieben Jahre. Ist die lähmende Starre, in der das Land verharrt, gleichfalls der bösen Sieben geschuldet? Die Bürgerrechtlerinnen, die einst so mutig ihre Forderungen hinausschrien, wo sind sie? Einige sind in die christliche Union übergetreten. Ist es das, was sie erkämpfen wollten? Warum lassen sich die vielen tüchtigen, zum Teil hochbegabten Frauen, Wissenschaftlerinnen und Künstlerinnen, die man nach der Wende aus dem vitalen Organismus des Lebens wie lästige Wucherungen herausoperiert hat, wie geduldige Schafe an den Straßenrand drängen?

»Was ich heute als katastrophal empfinde«, las ich neulich in einem Band, der Interviews mit ostdeutschen Frauen enthält (Waltraud Krannich: ›Fünf Minuten Glücksgefühl‹, Mitteldeutscher Verlag, 1996) »Ist so 'ne Lethargie – diese Meinung, daß man eh' nix ändern kann, daß so ein Gefühl sich breitmacht, deine Kräfte reichen gerade noch für deinen kleinen Kreis, und dort mußt du alles zusammenraffen und zusammenhalten und darfst einfach gar nicht mehr über den Gartenzaun gucken.« Und einige Zeilen weiter sagt diese Frau, eine Malerin, unverheiratet, 39 Jahre: »Ich bin deprimiert, weil alle damit beschäftigt sind, das Minimum in ihrem eigenen kleinen Leben aufrechtzuerhalten, so daß überhaupt nichts mehr übrig zu sein scheint für Dinge, die eine größere Gemeinschaft angehen. Und es bedrückt mich, daß dieses Auseinanderdivergieren von Leuten so wunderbar klappt, indem man sie alle einzeln nach 'nem schickeren Auto und nach diesem und jenem hecheln läßt. Und alle machen das mit.«

»In unserer Stadt wurden im letzten Jahr 8 000 Bäume abgehackt«, klagt eine Frau aus demselben Band, und sie fragt: »Warum ketten sich denn die Leute hierzulande nicht an ihre Bäume an, wie es anderenorts geschieht? Hierzulande passiert einfach nichts. Hier gibt es zu wenig Zivilcourage.«

Es scheint, sie hat recht. Während in den alten Bundesländern kürzlich die Bergarbeiter von Rhein und Ruhr, später die Stahlwerker zu Tausenden auf die Straße gingen, während die Bauarbeiter in Berlin den Potsdamer Platz blokkierten, ließen es Hunderttausende von Arbeitern zwischen Elbe und Oder, an Neiße, Saale, Havel und Warnow lammfromm geschehen, daß ihre Betriebe aus Konkurrenzgründen von der Treuhand verhökert oder in den Boden gestampft wurden. Wie ist diese Lethargie zu erklären? Ist es so, wie Wolfgang Hilbig neulich in seiner Dankesrede für den ihm verliehenen Lessing-Preis formulierte, »daß wir, die ehemaligen DDR-Bewohner« den über uns gekommenen Kolonialismus, wie er ihn nennt, selber gewählt hätten und auch noch stolz darauf seien? »Wir haben eine Welt gewählt«, sagt er, »die ohne Alternative ist.«

Ist das wirklich so? Nichts auf der Welt bleibt ewig, das habe ich in meinem langen Leben erfahren. Selbst das Kaiserreich wurde abgelöst; die Weimarer Republik mit sieben Millionen Arbeitslosen und den Notverordnungen wurde von den Faschisten erobert, deren tausendjähriges Reich sich selbst zerstörte. Und kürzlich scheiterte die DDR mit ihrem unzulänglichen Versuch, eine gerechtere Welt zu errichten. Und nun soll die freie Marktwirtschaft, in die wir hineingeglitten sind, das Nonplusultra sein, auf das wir uns einzurichten hätten für alle Zeit?

Es gibt ja Ansätze zum Protest, wenn auch zunächst nur zaghafte. An Bischofferode sei erinnert, den Kampf der Kalikumpel um den Bestand ihrer Grube, der letztlich leider erfolglos blieb. Und in Thüringen traten zwanzig Musiker in den Hungerstreik, um den Fortbestand der Suhler Philharmonie zu erzwingen. Kommt Widerstand im Osten endlich in Gang?

Ein anderes Beispiel ist erwähnenswert. Im Ostdeutschen Radio Brandenburg läuft seit geraumer Zeit eine Sendung, in der Hilfswillige gesucht werden für Menschen, die ohne eigenes Verschulden in Schwierigkeiten geraten sind. Und die Angebote überstürzen sich! Da werden Materialien gespendet – Holz, Dachziegel, Tapeten und ähnliches –, vor allem aber melden sich Fachkräfte, die zupacken wollen, ohne einen Lohn zu erwarten. Noch wird nicht jede Handreichung in klingende Münze verwandelt. Solidarität, scheint mir, hat noch ihren Stellenwert. Mit diesem Pfund sollten wir wuchern, zumal man uns so vieles von unserer DDR-Identität genommen hat. Aber Zusammengehörigkeitsgefühl, die Wärme und Gemeinsamkeit, die sollten wir in einer Gesellschaft, die nur aufs Geld fixiert ist, kultivieren, damit sie uns nicht auch noch verlorengehen.

Als nächste, scheint mir, sind jetzt die Genossenschaftsbauern zum Widerstand aufgerufen. Viele von ihnen müßten Konkurs anmelden, falls sie wirklich ihre Altschulden bezahlen sollen. »Es gibt einen Zeitpunkt in der gesellschaftlichen Auseinandersetzung, an dem Unruhe und Widerstand zur Bürgerpflicht werden«, sagte kürzlich ein Gewerkschaftler aus Thüringen auf einer Tagung. Und er weiß, wovon er spricht, weiß vor allem, was wir nicht mehr wollen: die Arbeitslosigkeit, die Ausländerfeindlichkeit und die Kriminalität. Dies alles haben wir eingetauscht gegen Bananen und gegen die beliebten Kaffeefahrten. Aber soll das alles sein?

Die Enttäuschung über die Entwicklung ist im Osten tief verwurzelt. Noch lähmt sie jede Aktivität. Viele denken daran, auszuwandern, nach Kanada oder in die USA. Auch meine Tochter und meine Enkelin basteln an einem neuen Projekt, und diesmal, so scheint es mir, ist es ihnen bitterernst. Sie wollen die Ölmühle, wenn der Vertrag mit dem Hauptmieter abläuft, in eigene Regie übernehmen und nach ein-zwei Jahren dorthin übersiedeln. Sie wollen mit den Weinbauern leben, Oliven ernten, Gemüse anbauen und Pferde züchten; wollen Mixturen aus Pflanzen bereiten und zusammen mit den Einheimischen die Geburten feiern und ihre Toten begraben. Sie wollen das einfache Leben. Und ich ... Für mich wollen sie das beste Zimmer bereithalten und den Zugang zur Mühle pflastern, versprechen sie mir, doch ich winke ab. Einen alten Baum verpflanzt man nicht mehr. Aber es ist tröstlich für mich zu wissen, daß sie eine Perspektive haben. Beide beherrschen Italienisch wie ihre Muttersprache, das ist ein großes Privileg. Doch nicht alle können das Land einfach wechseln.

Die damals geblieben sind, in der kleinen DDR, haben sich eines Tages zu einer machtvollen Demonstration zusammengefunden und vernehmlich verkündet: »Wir sind das Volk!« Aber das Land Utopia, von dem sie träumten, haben sie nicht erreicht. Vielleicht waren sie noch zu unreif, um es in Besitz zu nehmen, und es bedarf erst eines beschwerlichen Umweges, zu ihm zu gelangen. Doch eines Tages werden wir es finden müssen – falls wir nicht am Atommüll, am Smog, an den Abfällen unserer Überflußgesellschaft ersticken wollen. »Ich nehme zur Kenntnis«, sagte Stephan Hermlin kurz vor seinem Tod, »daß ich einer Generation angehöre, deren Hoffnungen zusammengebrochen sind. Aber damit sind diese Hoffnungen nicht erledigt.«

Auch ich gehöre zu dieser Generation. Aber meine Sehnsucht nach Utopia und meine Hoffnung auf den endlichen Sieg der Vernunft sind nicht umzubringen.

1997

ELFRIEDE BRÜNING
geboren 1910 in Berlin, Schulbesuch bis zur Obersekunda-
Reife, danach Büroangestellte, Redaktionssekretärin. 1930
Eintritt in die KPD; Mitglied des »Bundes proletarisch-re-
volutionärer Schriftsteller«. Nach 1933 illegale Arbeit und
Verhaftung wegen »Vorbereitung zum Hochverrat«. Nach
Entlassung aus dem Frauengefängnis Barnimstraße Heirat
mit dem Schriftsteller Joachim Barckhausen. 1942 Geburt
der Tochter Christiane. Seit 1950 freischaffende Schrift-
stellerin in Berlin. Verfasserin zahlreicher Romane und Erzählungen, die Frauen- und Jugendprobleme in der DDR
zum Thema haben und einen breiten Leserkreis fanden.
Wichtigste Werke: »... damit du weiterlebst«, 1949/1996;
»Lästige Zeugen? Tonbandgespräche mit Opfern der Stalin-
zeit« 1990; »Kinder im Kreidekreis«, 1992; »Und außerdem war es mein Leben«, Autobiographie, 1994.

Walter Kaufmann

Steinwurf
Über eine Liebe in Deutschland

125 Seiten · Broschur · 19,80 DM
ISBN 3-320-01960-0

Noch im Gerichtssaal bittet der Berichterstatter die junge Frau um ein Gespräch, und was sie ihm nach anfänglichem Zögern mitteilt, bei späteren Verabredungen in ihrem und auch seinem Haus offenbart, beginnt sich für ihn zu einer Erzählung nicht bloß über die Liebe dieser Frau zu formen, sondern auch über die Liebe jener anderen, die dem durch den Aufprall querschnittsgelähmten Fahrer aufopferungsvoll auf den Weg zurück ins Leben hilft ...
Der Berichterstatter muß sich nicht fragen, ob er gestalten und öffentlich machen darf, was er in den Gesprächen erfahren hat – längst weiß er, daß die junge Frau ein Buch über den Anschlag und ihre Beziehung zu den Opfern für geradezu dringlich hält. Soll er denn schweigen über Fremdenhaß in Deutschland, Gewalt gegen Ausländer in Deutschland, oder die Liebe von zwei Frauen verschweigen, die den Mut hatten, dem Gegenwind zu trotzen ...

edition reiher
im Karl Dietz Verlag Berlin
Weydingerstraße 14-16
10178 Berlin

Gisela Karau

Go West. Go Ost

223 Seiten · Broschur · 24,80 DM
ISBN 3-320-01961-9

Go West. Go Ost erzählt die Geschichte einer jungen Frau aus Rostock, die im Sommer 1989 einen vermögenden Hamburger Geschäftsmann geheiratet hat und mit ihrem kleinen Sohn über Ungarn in die Bundesrepublik gezogen ist. Henrike Pietermann ist eine Glückssucherin, der die Ehe mit dem gutmütigen, wesentlich älteren Mann bald langweilig wird. Nach allen möglichen Liebesabenteuern gerät sie in die Hände eines Zuhälters, dessen Beschwörungen sie auf naive Weise Glauben schenkt. Sie läßt sich darauf ein, ihre gesicherte Existenz als Physiotherapeutin gegen die einträglichere Tätigkeit in einem Salon für erotische Massagen einzutauschen, die sie jedoch bald anwidert, da sie sich als eine Art Prostitution erweist. Die einst wohlbehütete Tochter eines Schiffsoffiziers ist mehr, als sie ahnt, geprägt von fünfundzwanzig Jahren Leben in einem Land, das andere Werte kannte als die des Geldes. Henrike versucht, mit Hilfe von Alkohol den Ekel wegzuspülen, es gelingt ihr nicht. Sie löst sich aus der gefährlichen Beziehung und steht vor dem materiellen Nichts.

edition reiher
im Karl Dietz Verlag Berlin
Weydingerstraße 14-16
10178 Berlin